IGUAIS
PERANTE
A LEI

AUGUSTO DE ARRUDA BOTELHO

IGUAIS PERANTE A LEI

UM GUIA PRÁTICO
PARA VOCÊ GARANTIR
SEUS DIREITOS

🌐 Planeta

Copyright © Augusto de Arruda Botelho, 2021
Copyright © Editora Planeta do Brasil, 2021
Todos os direitos reservados.

Preparação: Paula Queiroz
Revisão: Denise Morgado e Carmen T. S. Costa
Diagramação: Vivian Oliveira
Capa: André Stefanini
Ilustrações de miolo: Bia Lombardi

Dados Internacionais de Catalogação na Publicação (CIP)
Angélica Ilacqua CRB-8/7057

Botelho, Augusto de Arruda
  Iguais perante a lei: um guia prático para você garantir seus direitos / Augusto de Arruda Botelho. - São Paulo: Planeta, 2021.
  176 p.

ISBN 978-65-5535-476-8

1. Direito - Brasil - Obras populares 2. Processo penal - Brasil 3. Justiça - Brasil I. Título

21-3377   CDD 340.0981

Índice para catálogo sistemático:
1. Direito para leigos

MISTO
Papel produzido a partir de fontes responsáveis
FSC® C011188

Ao escolher este livro, você está apoiando o manejo responsável das florestas do mundo

2021
Todos os direitos desta edição reservados à
EDITORA PLANETA DO BRASIL LTDA.
Rua Bela Cintra, 986, 4º andar – Consolação
São Paulo – SP CEP 01415-002
www.planetadelivros.com.br
faleconosco@editoraplaneta.com.br

Acreditamos nos livros

Este livro foi composto em Adobe Garamond Pro, Myriad Pro e Plaak 3 Pradel e impresso pela Gráfica Santa Marta em setembro de 2021.

Para Ana Claudia.
Para Téo, Iolanda e Santiago.
À memória de Márcio Thomaz Bastos.

"Quando quer e como quer que se cometa um atentado, a ordem legal se manifesta necessariamente por duas exigências, a acusação e a defesa, das quais a segunda, por mais execrado que seja o delito, não é menos especial à satisfação da moralidade pública do que a primeira. A defesa não quer o panegírico da culpa, ou do culpado. Sua função consiste em ser, ao lado do acusado, inocente, ou criminoso, a voz dos seus direitos legais."

Ruy Barbosa, em *O dever do advogado*

SUMÁRIO

INTRODUÇÃO 11

NOÇÕES BÁSICAS DO SISTEMA DE JUSTIÇA BRASILEIRO 23
    Os atores do sistema (juiz, Ministério Público e defesa) 25
    Garantias e direitos fundamentais: constitucionais e processuais 30
    Diferentes tipos de justiça: estadual e federal 48
    E, afinal, o que são essas tais instâncias? 49
    Crime, dolo e culpa 53
    Modalidades de prisão 56
    O Habeas Corpus 63
    Os recursos 68
    Os tribunais superiores e sua função (inclusive suas não funções) 70

O QUE VOCÊ PRECISA SABER SOBRE UM PROCESSO CRIMINAL SEM CURSAR CINCO ANOS DE FACULDADE 75
    A vítima: o que acontece se eu for roubada em uma grande cidade . . . 78
    O acusado: o que acontece se eu roubar alguém 82

DESMISTIFICANDO FOLCLORES 89
    O Brasil é o país da impunidade 91
    A polícia prende e o juiz solta (com ajuda da tal
    audiência de custódia) 95
    Ah, mas basta cumprir um sexto da pena e fica em liberdade 98
    O aumento de penas reduz a criminalidade 102
    Os ricos têm um tratamento diferenciado na justiça 104
    Os advogados e seus recursos protelatórios 105
    A Lei do Abuso de Autoridade vai favorecer a impunidade 108
    O foro privilegiado serve apenas para evitar a punição de políticos . . 110

O QUE FAZER E O QUE NÃO FAZER: SEUS DIREITOS E ALGUMAS DICAS SOBRE SITUAÇÕES QUE PODEM MUITO BEM ACONTECER COM VOCÊ..115
    O que fazer (e não fazer) em uma abordagem policial?..............118
    Ao ser conduzido(a) para uma delegacia, quais são meus direitos mais básicos?..119
    Se eu estiver sem documento e for parado(a) por policiais, eles podem me levar para uma delegacia para "averiguação"?..................122
    Fui parado(a) na blitz da Lei Seca. E agora?.........................123
    O que fazer se a sua casa for objeto de busca e apreensão?..........124
    Recebi uma intimação policial ou judicial. E agora?.................126
    Xinguei muito no Twitter, posso ter problema?.....................128
    Sou jornalista e fui questionado(a) sobre minha fonte. Estou seguro(a) juridicamente?......................................130
    Fui parado(a) pela polícia com droga para consumo próprio. O que pode acontecer?..131
    Não me contive e espalhei *fake news* sabendo que a informação era falsa. Isso é crime?..137
    Fui racista (do ponto de vista de direito penal)?.....................139
    E ser homofóbico(a)? É crime?.....................................141
    O que pode ser considerado estupro?.............................142
    Sofri uma violência doméstica. O que fazer?.......................146
    Sou obrigado(a) a denunciar um crime?...........................147
    Que crime é julgado pelo júri?....................................148
    Pessoa jurídica comete crime?....................................151
    Fui preso(a) em uma manifestação. E agora?.......................152

PALAVRAS FINAIS 159

AGRADECIMENTOS 167

INFORMAÇÕES IMPORTANTES PARA COLOCAR NA PORTA DA GELADEIRA 171
    Lista de números e órgãos importantes...........................173
    Cartilha de direitos 175

INTRODUÇÃO

INTRODUÇÃO

Se você chegou até aqui, provavelmente é porque de alguma forma me conhece. Então, para não perder a tradição, gostaria de começar dando as boas-vindas a todas e todos.

Em seguida, acho importante explicar os porquês deste livro e, mais ainda, de certa forma o que você pode esperar e não esperar desta publicação.

Então vamos lá: este não é um livro propriamente jurídico. Não é um livro voltado para advogados, professores ou estudantes de Direito, mas claro que todos esses podem (e devem) lê-lo. O que eu quero dizer é que, para aqueles já acostumados com o sistema de justiça, principalmente o sistema de justiça criminal, não esperem aqui grandes incursões na doutrina, não esperem análise aprofundada da jurisprudência, ou mesmo novas e geniais ideias.

Esta é uma obra também e principalmente para o leigo. Para o leigo que se interessa, que quer saber mais e, acima de tudo, para que todos percebam que muito daquilo que imaginamos ser verdadeiro, que lemos na imprensa, discutimos e afirmamos de forma bastante segura pode nem sempre ser o mais correto ou o que realmente acontece na prática.

Estas páginas são uma espécie de guia que vai explicar a você o básico do sistema de justiça criminal, quem são os atores desse sistema e quais são os lugares desse sistema. Mais ainda, vai contar como funciona – na prática – um processo criminal. Finalizo com uma parte bastante prática, com situações concretas e que, infelizmente, estamos, todos nós, sujeitos a enfrentar. Dou respostas objetivas sobre os seus direitos diante dessas hipotéticas (mas reais) situações.

Os brasileiros, e acredito que grande parte de outros povos, sempre se interessaram por crimes, seus mistérios, investigações e principalmente pelo resultado delas. E a imprensa, ao noticiá-los, apresenta muitas vezes um reflexo de todo e qualquer brasileiro. Ou, pelo menos, seus anseios.

Isso significa concluir algo que me parece óbvio: condenações vendem jornais; absolvições, não. Essas são muitas vezes retratadas apenas em notas de rodapé, porque as pessoas querem sentir que os "criminosos" estão sendo responsabilizados.

O interesse pelo julgamento de alguém não é sequer algo presente apenas na história recente do mundo. São conhecidos os julgamentos públicos na Grécia antiga, por exemplo, bem como a forma pública – e muitas vezes vexatória – de julgar seu próximo em várias civilizações ao longo dos séculos.

Como este não é um livro de história, vou pular essa parte para refletir um pouco sobre o momento atual. Mais especificamente, sobre o momento atual da justiça criminal brasileira. E aqui, sim, é preciso novamente de um apanhado histórico, ainda que curto.

Defendo, de maneira bastante isolada e um tanto polêmica, que uma parte dos problemas e questionamentos atuais do Poder Judiciário se deve, por assim dizer, à TV Justiça.

Sim, é isso mesmo. A TV Justiça, que tem como boa intenção trazer uma necessária transparência e publicidade de importantes julgamentos que acontecem em nosso país, acabou por trazer um tipo de protagonismo ao judiciário que, em muitos aspectos, prejudica o bom andamento de nossa justiça.

A TV Justiça transmite, ao vivo, sessões de julgamento do Supremo Tribunal Federal (STF). Importante mencionar que esses julgamentos, salvo raras exceções, sempre foram e continuam sendo públicos. Ainda mais com as inovações tecnológicas e o acesso – ainda que não integral – de boa parte da população à internet, quem efetivamente quer e tem interesse em acompanhar ou saber o resultado de um julgamento consegue. A informação está a alguns cliques de distância.

Ou seja, a justificativa de que a essência da TV Justiça seria transformar os julgamentos em atos mais transparentes cai por terra na medida em que os julgamentos não são apenas públicos, como também são disponibilizados quase que em tempo real nos sites oficiais de nossos tribunais. Portanto, a alegação de que o canal auxilia na transparência é ultrapassada.

O que precisamos é refletir sobre um dos reais, e prejudiciais, reflexos da existência da TV Justiça em nosso país. Vou começar com uma afirmação bastante mundana, quase tosca, mas que retrata e resume algo que, a mim, incomoda muito. Um ministro ou ministra do STF é, assim como nós, um ser humano normal: uma pessoa que comete erros, acertos, tem falhas, virtudes, medos, vaidades, inseguranças. Com toda essa gama de peculiaridades individuais, um membro da mais alta corte de justiça do Brasil também se deixa levar e influenciar por sentimentos comezinhos – sentimentos que afetam a todos nós. Para você ter uma ideia, faz diferença para um ministro ou uma ministra do STF ser aplaudido ou vaiado na pizzaria aos domingos.

Ou seja, imagine o impacto imediato e sensível que a TV Justiça teve nesses profissionais quando passou a expor em rede nacional, em horário nobre, seu rosto, e não apenas transmitir e reportar o resultado, o andamento, as discussões de importantes julgamentos. Um reflexo prático do que estou falando (veja só que curioso) foi o aumento de duração no tempo dos votos dos ministros e das ministras.

A vaidade é tamanha (e aqui não há crítica nenhuma a ela), e influencia de tal maneira, ainda que subconscientemente, que essas autoridades, sabendo que estão em rede nacional e falando para milhares de pessoas, querem (como qualquer outra pessoa normal) falar mais. Afinal, ao fazerem isso, a imagem delas aparecerá por mais tempo na tela. Veja que o aumento na duração dos votos não foi pouco. Felipe de Melo Fonte,[1] em seu artigo "Votos do STF são cada vez mais para o grande público", concluiu que as decisões do Supremo cresceram mais de 58% após a criação da TV Justiça. Antes dela, por exemplo, as decisões em média não alcançavam 40 páginas. Depois, o número foi para 80 páginas. Os números falam por si.

Conto aqui, sem citar nomes, um caso bastante curioso. Durante o julgamento do Mensalão, um dos membros de nossa corte constitucional ficou conhecido por trajar roupas muito mais bem alinhadas (por assim dizer) nos dias em que o julgamento era televisionado ao vivo, em tempo real, para todo o país.

Veja só: a TV Justiça influencia até a roupa dos ministros! Como podemos imaginar que não pode influenciar, de certa forma, o resultado ou a construção do resultado de um julgamento?

---

1 FONTE, Felipe de Melo. Votos do STF são cada vez mais para o grande público. *Consultor Jurídico*, 20 de maio de 2013. Disponível em: https://www.conjur.com.br/2013-mai-20/felipe-fonte-votos-stf-sao-dirigidos-cada-vez-grande-publico. Acesso em: 19 out. 2020.

Já que mencionei o Mensalão, faço dele o segundo marco importante da história recente do nosso Poder Judiciário.

Há duas características atuais do Poder Judiciário que entendo serem bastante prejudiciais ao seu correto funcionamento. A primeira, e a menção à TV Justiça já introduz essa reflexão, é a espetacularização dos julgamentos. A segunda característica é a partidarização dos julgamentos – e o julgamento do Mensalão foi um marco disso.

Veja, politização é diferente de partidarizar um julgamento. Sempre houve julgamentos políticos na história do Brasil e do mundo. A conotação ideológica e política influencia muito determinados julgamentos.

Aqui, estou falando de algo que vai além. Tivemos no Mensalão (e isso perdura até hoje) um julgamento em que o elemento partidário – especificamente um partido político – foi taxado de forma bastante prejudicial à imparcialidade necessária para uma análise e um julgamento posterior.

É importante salientar algo: não estou aqui, de maneira nenhuma, dizendo que especificamente o Partido dos Trabalhadores (PT, principal partido investigado no escândalo do Mensalão) cometeu ou deixou de cometer determinados crimes. De maneira mais específica, se dirigentes desse partido são ou não responsáveis direta ou indiretamente por esquemas graves de corrupção. Não estou aqui defendendo e, muito menos, acusando o PT de nada.

O que estou fazendo é uma reflexão de quem olha de fora. Nela, percebo que, no processo do Mensalão, não estavam sendo ali julgados apenas atos supostamente praticados por pessoas físicas e jurídicas. Estava-se julgando um partido político. E isso gerou uma estigmatização que possivelmente influenciou o ambiente interno e externo de uma corte e de um julgamento.

Os críticos de um resultado desfavorável ao PT eram automaticamente chamados de *petistas*. Já os que defendiam o contrário eram vistos como *antipetistas*, *psdbistas* (ou qualquer outro partido que, à época, fizesse oposição clara e direta ao PT).

Muitas vezes, foi possível observar que não eram julgadas teses jurídicas ou argumentos da defesa e da acusação. Não eram também analisadas provas concretas. Sequer foram julgadas pessoas específicas! Em determinados momentos, o réu parecia ser um "plano de poder".

Pois bem, se somarmos a espetacularização à politização de determinados julgamentos, nós temos o quê? Um prato cheio para a imprensa.

Há outro caso concreto que se deu durante o Mensalão que ilustra isso. Por questões profissionais, acompanhei diariamente todos os votos e discussões sobre o caso. Numa hora, havia uma divergência técnica sobre o cabimento de um recurso bastante específico: os Embargos Infringentes.[2] Todos os advogados, juristas, acadêmicos e professores de Direito discutiam a possibilidade – ou não – do seu uso. Não havia um consenso entre os maiores professores de processo penal do Brasil nem entre advogados que atuavam na área. Da mesma forma, havia divergência entre os próprios ministros da corte.

No entanto, para alguns comentaristas de televisão, que certamente não passaram nem perto de completar os cinco anos de uma faculdade de Direito, a resposta parecia óbvia. Para alguns, havia

---

2 Os Embargos Infringentes são um recurso exclusivo da defesa, cabível contra uma decisão não unânime e desfavorável ao réu, proferida por um tribunal. Vamos imaginar que um réu é condenado por um placar de 2 × 1. Ou seja, sua absolvição teve um voto favorável. Dessa forma, os embargos servem para ampliar a composição da Turma Julgadora, de modo que a divergência poderá ser mais bem analisada por julgadores que não estavam presentes na composição de julgamento original.

certeza absoluta de que o recurso era cabível. Para outros, o aceite configuraria um "verdadeiro absurdo". Enquanto os especialistas tinham dúvidas, os jornalistas eram um poço de certezas.

Por mais que tenhamos opiniões e posições, elas precisam estar amparadas no que diz a lei, nos códigos, na jurisprudência, e não num simples achismo.

A imprensa é certamente um dos pilares de qualquer nação que se diga democrática. Sempre foi – e é especialmente na atualidade – uma aliada importante na construção de uma sociedade melhor. Cabe a ela apurar, investigar, denunciar e, inclusive, se posicionar: apoiar candidatos, pessoas, projetos de governo. Mais do que isso, ela deve se manifestar de forma radicalmente livre, respeitando (é óbvio) os limites impostos pela lei sobre quaisquer temas.

Mas, infelizmente, sua atuação, às vezes pouco técnica, às vezes apaixonada, contribui de certa forma para que a nossa justiça tenha virado um grande espetáculo.

São incontáveis as operações policiais com um uso abusivo e pirotécnico de medidas de força, nomes tirados de clássicos da literatura e personagens que mais se assemelham à dramaturgia. Algumas ações da polícia podem ser comparadas a *reality shows*. A Operação Lava Jato, por exemplo, com suas mais de 70 fases, foi acompanhada por muitos como uma novela.

A espetacularização da justiça, volto a dizer, é um fato que somado à partidarização de julgamentos faz com que o papel da imprensa – que já é extremamente importante – tenha de ser muito mais cuidadoso.

A crítica que faço sobre a imprensa revela, ao fim e ao cabo (será que devo eu agradecer a essa imprensa?), o porquê deste livro. Jornalistas sentenciam pessoas, criticam decisões judiciais, afirmam que provas são fartas ou inexistentes, afirmam que um recurso é ou não cabível, que um ministro do Supremo Tribunal Federal é ou não apto para o cargo, se o juiz acertou ou errou como se a justiça e o processo judiciário fossem temas corriqueiros. E nós também.

O sistema de justiça, sobretudo o criminal, virou assunto de mesa de bar. E, em mesa de bar, todo mundo quer ter razão.

Não há nada de errado, muito pelo contrário, em discutir a justiça no dia a dia. É saudável e salutar que ela se aproxime do cidadão. O problema é fazer afirmações categóricas sobre questões técnicas. Direito é uma ciência. Os processos têm uma regra, que está escrita na letra da lei, e não naquilo que achamos justo ou que gostaríamos que fosse.

De forma alguma eu gostaria que essas afirmações fossem interpretadas como uma limitação ao natural e saudável direito de discordar e emitir opiniões. É possível concordar ou não com uma decisão judicial. É possível criticar um julgamento ou um julgador. Para isso, não é necessário um amplo conhecimento teórico, mas, ao mesmo tempo, é impossível que uma análise seja feita sem um mínimo conhecimento. Também no direito temos de utilizar a máxima de que não se refuta ciência, uma opinião científica ou um estudo com uma simples opinião.

Não tenho aqui a pretensão de que você, ao acabar estas páginas, saia daqui um(a) jurista (até porque não tenho a pretensão de ser um). Quero somente dar uma contribuição para que, naquela mesa de bar, você pelo menos não passe vergonha.

NOÇÕES BÁSICAS DO SISTEMA DE JUSTIÇA BRASILEIRO

Os atores do sistema
(juiz, Ministério Público e defesa)

Vamos começar pelo básico. Em um processo criminal, há sempre um juiz, um representante do Ministério Público e a defesa, que pode ser exercida por um advogado particular ou por um defensor público.

Ministério Público e defesa são partes parciais, já que geralmente têm pedidos antagônicos, e mesmo nos raríssimos casos em que o pedido é o mesmo, ou seja, naqueles em que o Ministério Público requer a absolvição de alguém, não deixa ele de ser parte parcial.

O único ator dessa engrenagem que não é parte, devendo por princípio constitucional ser imparcial, é o juiz.

Pensemos num triângulo: o juiz na parte mais alta, acima; Ministério Público e defesa em pontos opostos, mas no mesmo plano, e sempre equidistantes do juiz.

```
              JUIZ


  DEFESA          MINISTÉRIO
                  PÚBLICO
```

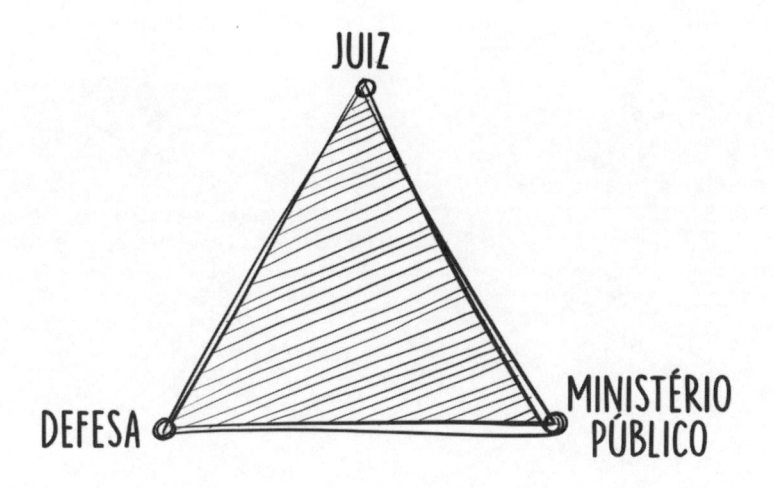

Entender esse triângulo é essencial para perceber que não pode haver qualquer tipo de privilégio, direcionamento, proximidade ou ato semelhante entre aquele que ocupa a extremidade mais alta, o juiz, e as partes.

Você pode estar se perguntando: e a vítima? A vítima, por dispositivo legal, é representada pelo membro do Ministério Público. Cabe a ele representar o Estado, representando assim a todos nós, eventuais vítimas de um crime.

Há uma possibilidade, pouco frequente, e mais observada nos crimes de competência do Tribunal do Júri (eu vou falar mais sobre o júri lá na frente), que é a figura do assistente da acusação. Isso nada mais é do que um advogado particular contratado pela vítima ou por familiares da vítima que atua como assistente do Ministério Público.

Tem ele vários dos direitos e prerrogativas que o promotor tem: fazer pedidos, participar de audiências e, em nome da vítima, requerer ao juiz competente aquilo que entender necessário.

Por sinal, ainda que fuja um pouco desta introdução, é importante dizer o que significa o termo *competente* dentro de um processo. Muitas vezes, ao ouvir isso, o leigo relaciona a palavra *competente* àquela usada no dia a dia, como se, quando afirmamos que o juiz não tem competência para julgar uma causa, estivéssemos dizendo que não tem ele os atributos técnicos ou que não teria condições intelectuais de julgar determinada causa.

Não, não é isso. O termo *competente*, do ponto de vista processual, significa outra coisa: um juiz do Rio de Janeiro não é competente para julgar um crime que ocorreu em São Paulo; um juiz da vara de família e sucessões não é competente para julgar um homicídio; um juiz da vara de falências não julga casos de corrupção; um juiz federal não julga crimes cuja competência seja de um juiz estadual, e por aí vai.

Portanto, ao dizermos que um juiz não é competente, estamos dizendo que não compete a ele julgar especificamente uma causa, por variados motivos previstos na legislação.

Voltando aos atores...

Todos os nomes que mencionei até agora dizem respeito às autoridades que atuam em primeira instância (calma que mais para a frente você vai entender exatamente o que é isso). Em segunda instância, os nomes são diferentes.

Um juiz, ao ser promovido a um Tribunal de Justiça, passa a ser chamado de desembargador. Um promotor de justiça que atue em segunda instância passa a ser chamado de procurador de justiça. E o advogado? Bom, o advogado vai ser sempre o advogado, não importa a instância.

Isso serve para a justiça estadual. Para a justiça federal, os juízes federais passam a ser desembargadores federais. Os procuradores da República recebem um nome semelhante que é o de procurador regional da República. O tribunal não se chama Tribunal de Justiça, e sim Tribunal Regional Federal. E, de novo, os advogados, é claro, continuam sendo advogados.

Nos Tribunais Superiores (Superior Tribunal de Justiça e Supremo Tribunal Federal), todos os julgadores que ali atuam são chamados de ministros. Mas, como nesses tribunais as vagas não necessariamente são ocupadas por magistrados de carreira, há casos de ministros que nunca foram desembargadores, nem sequer juízes, pois a forma de indicações desses tribunais é diferente dos outros.

Deixe-me contar um pequeno segredo do meu estilo profissional. Quando eu corrijo uma petição feita por um estagiário ou advogado aqui do meu escritório, se me deparo com um trecho que não ficou muito claro, ou ainda uma parte que preciso que seja escrita da forma mais objetiva e direta possível, faço a seguinte observação: DESENHE!

Então, para terminar esta explicação, vamos esquematizar.

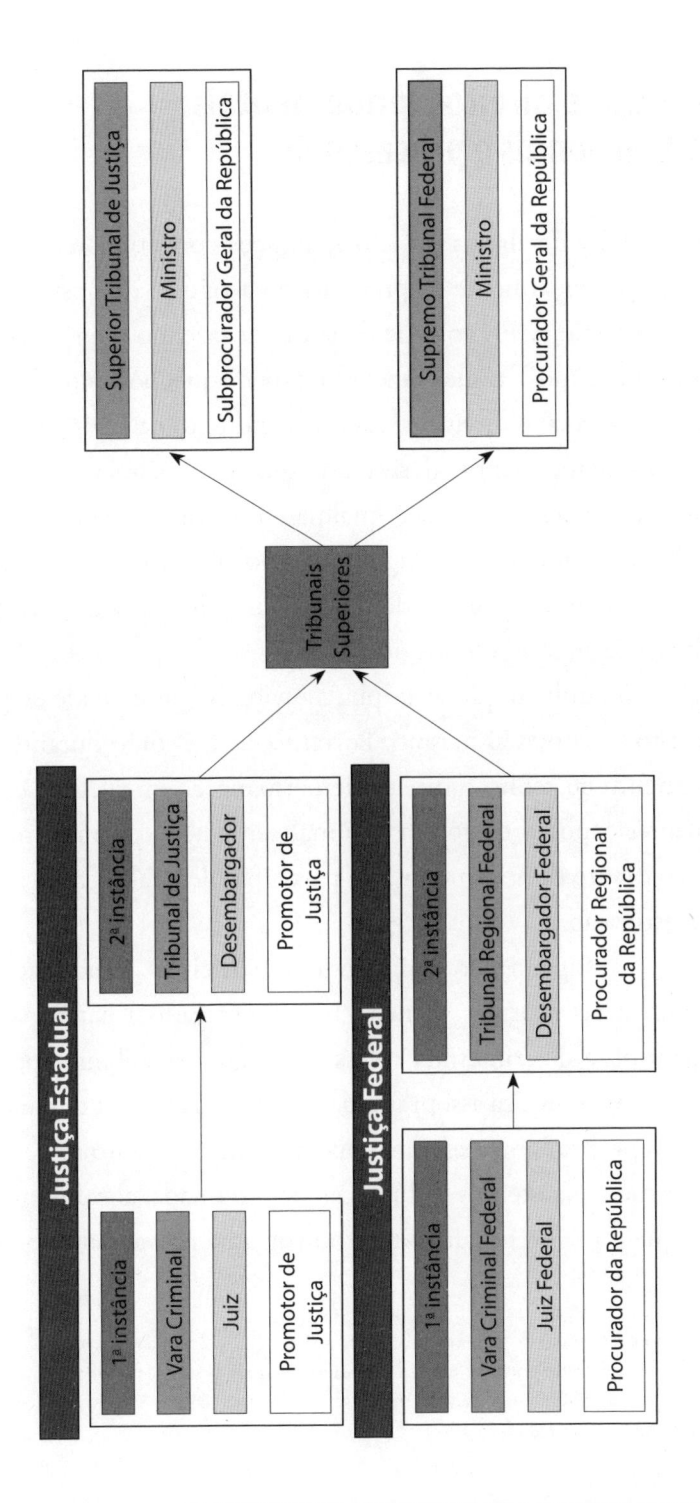

Justiça Estadual

1ª instância
- Vara Criminal
- Juiz
- Promotor de Justiça

2ª instância
- Tribunal de Justiça
- Desembargador
- Promotor de Justiça

Justiça Federal

1ª instância
- Vara Criminal Federal
- Juiz Federal
- Procurador da República

2ª instância
- Tribunal Regional Federal
- Desembargador Federal
- Procurador Regional da República

Tribunais Superiores

- Superior Tribunal de Justiça
- Ministro
- Subprocurador Geral da República

- Supremo Tribunal Federal
- Ministro
- Procurador-Geral da República

NOÇÕES BÁSICAS DO SISTEMA DE JUSTIÇA BRASILEIRO

Garantias e direitos fundamentais: constitucionais e processuais

Antes de falar de alguns princípios básicos constitucionais e processuais, principalmente os previstos no artigo 5º de nossa Constituição Federal (CF), gostaria de começar fazendo menção a dois direitos que temos, muitas vezes sem saber e que, portanto, podem ser uma surpresa: o direito de mentir e o direito de fugir.

O primeiro, mentir, deriva do constitucionalmente previsto direito ao silêncio. A todo e qualquer investigado, em qualquer tipo de procedimento investigatório, a possibilidade de silenciar é mais do que uma estratégia de defesa, é um dos mais importantes direitos assegurados a todos nós.

Direito também que se amplia na não obrigatoriedade de produzir provas contra si mesmo. Portanto, assim como durante um depoimento eu tenho o direito de permanecer em silêncio e esse silêncio não pode, de forma alguma, ser usado contra mim, eu tenho o direito de ativamente não participar de qualquer outro ato de investigação.

Um investigado não é obrigado a participar de acareações,[1] podendo nelas ficar em silêncio. Não é obrigado a participar da reconstituição de crimes, da coleta de sangue para alguma perícia específica, não precisa assoprar o bafômetro ou escrever dezenas de vezes seu próprio nome em um papel para que seja feito um exame grafotécnico. Não temos a obrigação de fazer nada, absolutamente nada, que possa eventualmente produzir uma prova contra nós.

---

1 Acareação é um meio de prova previsto nos artigos 229 e 230 do Código de Processo Penal que basicamente consiste em colocar duas ou mais pessoas, frente a frente, para esclarecer pontos divergentes trazidos em seus depoimentos, com o objetivo de descobrir quem está falando a verdade.

O direito de mentir está inserido nesse mesmo contexto. Se eu posso calar, posso falsear. A todo investigado, portanto, é dada a possibilidade de inventar a história que quiser, criar a versão que bem entender e até negar fatos que sejam óbvios.

Para que fique claro: mentir, quando você é investigado, é um direito seu, jamais um crime, ou qualquer coisa que se assemelhe.

Na doutrina, principalmente na brasileira, há certa discussão sobre esse direito. Alguns juristas defendem que o direito de ficar em silêncio é diferente do de mentir. Afirmam, inclusive, que o segundo não existe. Discordo bastante desse posicionamento e vou usar um exemplo prático para demonstrar que o direito de ficar em silêncio, o de não produzir provas contra si mesmo e o de mentir estão umbilicalmente ligados.

Vamos imaginar uma acusação de homicídio. João é acusado de matar Maria (e, muito cá entre nós, João matou mesmo Maria). Durante seu interrogatório, o juiz pergunta: "João, no dia 13 de fevereiro, na Rua da Amargura, você disparou os dois tiros que mataram Maria?". João pode fazer uso de seu direito ao silêncio não respondendo ou pode responder de duas formas. Uma, produzindo uma prova contra si mesmo (a confissão): "Sim, disparei os dois tiros contra ela". A outra, não produzindo uma prova contra si: "Não, nesse dia eu nem estava em São Paulo, muito menos nessa rua". Pronto, João mentiu e não produziu uma prova em seu desfavor. Direito dele.

Antes de passar ao direito de fugir, gostaria de tratar de um último detalhe bastante atual sobre o silêncio e a mentira: as Comissões Parlamentares de Inquérito, as famosas CPIs.

Muito se questiona, tanto na imprensa quanto nas redes sociais, o Habeas Corpus concedido para assegurar que os direitos de pessoas que prestem depoimento numa CPI sejam garantidos. De início, é importante deixar bem claro que sequer deveria ser necessária a apresentação de um Habeas Corpus para garantir o óbvio. Esses direitos estão escritos quase que em letras garrafais na Constituição. O problema é que, num passado recente, pessoas ouvidas como testemunhas e investigadas, até mesmo seus advogados, tiveram seus direitos violentamente cerceados em CPIs. Apresenta-se, portanto, um Habeas Corpus para garantir esses direitos antes desrespeitados.

E o que geralmente se pede nesses Habeas Corpus? O direito de ter um advogado ao seu lado, o de ser tratado com dignidade e respeito, o de intervir – através de sua defesa – caso algum direito seu seja violado e, por último, o direito de não responder a absolutamente nenhuma pergunta que você não queira.

Discute-se bastante sobre o fato de que tais garantias, principalmente a última, são direcionadas apenas àqueles que são investigados, e que muitas vezes pessoas são convocadas a depor em uma CPI na condição de testemunhas.

Pois, saibam que, em muitos casos, isso não passa de uma estratégia para contornar direitos. Alguém é chamado como testemunha quando na verdade é evidente se tratar de alguém direta ou indiretamente investigado. Sendo assim, todos os direitos que já descrevi lhe são integralmente garantidos.

O segundo direito, digamos, polêmico, é o de fugir.

A todas e todos está assegurado o direito de não se submeter a uma prisão que entenda ilegal.

Portanto, ao tomar conhecimento de que há uma ordem de prisão, se você e seus advogados entenderem que não é o caso de se apresentar às autoridades, você pode fugir.

O fato de você ficar com a pecha de foragido pode eventualmente dificultar a revogação dessa ordem de prisão, mas a fuga, por si só, não é um crime.

A fuga, inclusive de presídios, não é considerada crime. Pode ser, dependendo do contexto, uma falta administrativa, falta grave até, mas crime específico de fuga não existe.

Então, antes de passar a uma análise mais detalhada de diversos direitos e garantias fundamentais previstos principalmente em nosso artigo 5º da CF, que fique claro: você tem o direito de mentir quando acusado(a) de um crime e tem o direito de fugir – ou de não se entregar – quando considerar uma ordem de prisão como ilegal.

Pois bem, agora passo a comentar alguns incisos do famoso artigo 5º de nossa Constituição Federal.

Importante começar mencionando que, quando tratamos de direitos e garantias fundamentais, ou seja, de temas que são tratados nesses incisos, estamos a falar daquilo que conhecemos por Cláusulas Pétreas.

Na prática, isso significa que elas não podem ser alteradas de nossa Lei Maior (outro nome para a Constituição), sequer por propostas de emenda constitucional. Para alterá-las é necessário que seja feita uma nova constituinte, o que demonstra a importância delas.

A escolha dos incisos comentados foi bastante pessoal e não seguiu uma ordem de importância ou sequer uma ordem lógica. São aqueles que, para fins desta obra, acho mais relevantes.

Vamos a eles.

> *II – ninguém será obrigado a fazer ou deixar de fazer alguma coisa senão em virtude de lei;*

A redação desse inciso reflete a consagração em nossa Constituição de um de seus princípios mais importantes: o da legalidade.

A lei, e somente ela, é o instrumento que garante a liberdade.

Portanto, e isso é o que diz o texto constitucional, ninguém será obrigado a fazer ou deixar de fazer alguma coisa a não ser que exista uma lei especificamente tratando desse tema.

Esse é um dos mais importantes princípios a salvaguardar cidadãos e cidadãs. É previsto em vários ordenamentos jurídicos e em várias constituições do mundo todo, assim como na Declaração dos Direitos do Homem e do Cidadão de 1789, mais especificamente, em seu artigo 4º.[2]

Transpondo esse princípio para o direito penal, temos a máxima de que não existe crime sem lei anterior que o preveja.

Portanto, se um novo crime é incluído no Código Penal, e essa inclusão passa a ter vigência no dia 1º de agosto, por exemplo, se alguém praticar a conduta descrita nesse novo delito no dia 31 de julho, não podemos considerar que a pessoa cometeu o crime. Isso porque, antes de 1º de agosto, o crime não era previsto por lei.

Acredito ser essa uma explicação bastante clara e prática da incidência e da relevância do essencial princípio da legalidade.

> XI – a casa é asilo inviolável do indivíduo, ninguém nela podendo penetrar sem consentimento do morador, salvo em caso de flagrante delito ou desastre, ou para prestar socorro, ou, durante o dia, por determinação judicial;

Trataremos desse inciso do artigo 5º por partes.

---

2 Ver artigo 4º da Declaração dos Direitos do Homem e do Cidadão de 1789: "A liberdade consiste em poder fazer tudo que não prejudique o próximo. Assim, o exercício dos direitos naturais de cada homem não tem por limites senão aqueles que asseguram aos outros membros da sociedade o gozo dos mesmos direitos. Estes limites apenas podem ser determinados pela lei".

Primeiro: o que é casa? A resposta mais óbvia aponta no sentido de que casa é o local onde moramos. Sim, é evidente, mas não é apenas isso. O conceito de casa, para fins de análise desse inciso, precisa ser estendido a outros lugares, por exemplo, seu local de trabalho, seu consultório médico, o quarto de um hotel (ou de um motel) em que você esteja se hospedando, um bangalô no meio da praia, uma barraca de *camping* e um simples colchão e um cobertor que servem de abrigo àqueles que vivem em situação de rua.

A segunda parte do inciso, aquela que diz que ninguém nela pode penetrar sem o consentimento do morador, é especialmente polêmica. E aqui explico: infelizmente é frequente o desrespeito a essa previsão constitucional. E esse desrespeito muitas vezes é disfarçado de "consentimento do morador".

Sendo bastante gráfico: autoridades policiais, principalmente em comunidades carentes, cometendo crimes e sem qualquer necessidade, chutam (sim, *chutam*) a porta de casas em favelas, reviram os pertences de homens, mulheres e crianças e, muitas vezes, fazem isso sem sequer saber o que procuram. E, ao justificarem esse abuso, com frequência se utilizam da mentira de que o morador consentiu a entrada dos policiais.

Quantas vezes, ao longo da minha história profissional, não me deparei com boletins de ocorrência com a seguinte versão da Polícia Militar: os policiais haviam sido convidados a entrar pelo morador; o morador simpaticamente tinha destrancado portas, cedido senhas de cadeados, cofres e, ainda, mais recentemente, cedido de maneira espontânea as suas senhas de todos os celulares para que os policiais pudessem fazer uma devassa.

Essa é a história que o papel aceita. A realidade costuma ser outra: não houve qualquer tipo de autorização para a invasão – tanto do domicílio quanto dos dados pessoais.

A continuação do inciso também traz alguma polêmica. Diz que a casa deixará de ser um asilo inviolável quando nela estiver ocorrendo um flagrante delito ou um desastre.

Se há razões fundadas de que, dentro de uma residência, está, naquele momento, ocorrendo um crime, é evidente que as autoridades policiais não podem aguardar, por exemplo, uma autorização judicial para entrar no local, pois, quando conseguirem permissão, pode ser tarde demais. Se há uma agressão, uma tentativa de homicídio, um crime sexual ou qualquer suspeita da prática de outro delito naquele exato instante (volto a frisar, suspeita *fundada*), é evidente que a casa deixa de ser inviolável.

No caso de um desastre, então, acredito ser uma explicação desnecessária.

A polêmica começa a aparecer quando trazemos um conceito de direito penal chamado de crime permanente. O crime permanente é, em poucas palavras, aquele em que o flagrante está sempre acontecendo.

Vamos imaginar: uma pessoa é roubada e, três dias depois, alguém é preso, sem o produto desse roubo e sem que tenha havido uma perseguição policial nesse intervalo.[3] Não podemos considerar que essa pessoa foi presa em flagrante, certo? Haveria, portanto, a necessidade de uma ordem judicial para prendê-la. Ou seja, o flagrante tem uma limitação, tanto temporal quanto por outras especificidades que a própria lei determina.

---

3 Ver artigo 302, Código de Processo Penal: "Considera-se em flagrante delito quem: I - está cometendo a infração penal; II - acaba de cometê-la; III - é perseguido, logo após, pela autoridade, pelo ofendido ou por qualquer pessoa, em situação que faça presumir ser autor da infração; IV - é encontrado, logo depois, com instrumentos, armas, objetos ou papéis que façam presumir ser ele autor da infração".

Os crimes permanentes fogem a essas especificidades.[4] Há um crime específico que torna essa explicação bastante clara: o sequestro. Enquanto a vítima está em poder dos sequestradores, o crime está sendo cometido a todo o momento, sempre em situação de flagrância.

Você deve estar se perguntando: "Ué, mas onde é que está a polêmica?". No tráfico de drogas.

Com a nossa obsoleta, vaga e imprecisa lei de drogas, a diferença entre tráfico e porte de drogas é bastante frágil.

Essa interpretação passa inicialmente pelo julgamento da autoridade que primeiro se deparar com a ocorrência de um suposto crime. Em outras palavras, um policial militar, por exemplo, ao entrar em uma favela, vai ser o primeiro juiz da causa, e, naquele momento, ele tem o poder de decidir se, dentro de um domicílio, as pessoas estão consumindo drogas, guardando drogas para consumo ou traficando.

Veja que esse poder ilimitado e perigoso dado ao primeiro juiz da causa é o poder que dá margem a incontáveis abusos.

Por culpa, então, antes de tudo, da nossa fracassada política de drogas, mas principalmente do texto da lei, ao fazer uma verificação em uma comunidade carente, uma autoridade policial decide na hora se pode invadir uma casa – pois, no seu julgamento, lá há tráfico de drogas – e, a partir daí, incontáveis abusos podem acontecer.

Se eu pudesse resumir essa problemática em uma expressão, diria: quebro a porta da casa com um chute, vasculho tudo o que tem lá dentro. Se eu encontrar alguma coisa ilegal, ótimo, justifico a minha entrada; senão, dou as costas sem sequer pedir desculpas.

---

4 Ver artigo 303, Código de Processo Penal: "Nas infrações permanentes, entende-se o agente em flagrante delito enquanto não cessar a permanência".

Infelizmente, essa é a realidade enfrentada por muitos homens e mulheres em nosso país.

Para finalizar, é importante fazer um comentário sobre uma determinação específica desse inciso no que diz respeito à possibilidade de violar um domicílio durante o dia, por determinação judicial.

Quando há uma ordem judicial – seja de prisão ou de busca e apreensão –, evidentemente que ela pode ser cumprida dentro da residência de alguém, dentro de um quarto de hotel em que esse alguém se hospede, dentro do escritório dessa pessoa, mas há uma limitação bastante específica que é em relação ao horário. Esses atos processuais podem ser realizados em dias úteis (ou seja, de segunda a sexta-feira), entre 6 horas da manhã e 8 horas da noite.

Portanto, uma ordem judicial de busca e apreensão não pode ser cumprida 5h58 da manhã, como também não pode ser cumprida num domingo. Isso é bastante importante para que você, caso sofra uma dessas medidas, possa verificar de pronto sua legalidade.

> XLV – nenhuma pena passará da pessoa do condenado, podendo a obrigação de reparar o dano e a decretação do perdimento de bens ser, nos termos da lei, estendidas aos sucessores e contra eles executadas, até o limite do valor do patrimônio transferido;

Esse inciso reflete algo previsto em várias constituições ao redor do mundo (como a portuguesa e a italiana) e traduz o que chamamos de princípio da pessoalidade ou princípio da responsabilidade penal pessoal.

O direito penal e os crimes previstos em nossa legislação penal são sempre dirigidos somente, e tão somente, ao autor de um fato, ou seja, pune-se quem, por ação ou omissão, praticou uma conduta prevista na lei penal.

Em razão disso, em hipótese alguma uma pena eventualmente aplicada a alguém pode ser transmitida a outra pessoa, quem quer que seja, incluindo-se aí, é claro, seus sucessores. Em outras palavras, se o pai cometeu um crime, seu filho, sua companheira, seu pai, seu melhor amigo, ninguém pode cumprir a pena a ele aplicada.

Essa dúvida é frequente quando filhos praticam delitos e seus responsáveis tomam conhecimento do acontecido. A depender do caso concreto, os responsáveis legais podem ter de responder por sua omissão, mas nunca poderão cumprir pena pela conduta de um filho.

Para ficar mais claro ainda: se meu filho, maior de idade, mas sem habilitação para dirigir veículos, usa um carro em meu nome e, com esse carro, acaba cometendo um crime, a pena aplicada por esse delito será cumprida exclusivamente por ele.

Se colocarmos qualquer pessoa, de qualquer parentesco, nessa equação, o resultado será sempre o mesmo: a pena há de ser cumprida pelo autor do fato, ela jamais transcende alguém.

A única exceção (estava fácil demais para ser verdade) diz respeito à obrigação de reparação de danos. Se alguém é condenado a dez anos de prisão por um golpe financeiro, por exemplo, e a condenação incluir a reparação do valor que as vítimas perderam em tal golpe, isso, sim, e somente isso, pode ser transmitido aos sucessores do criminoso.

> *XXXIX – não há crime sem lei anterior que o defina, nem pena sem prévia cominação legal;*

Você se lembra do princípio invocado para justificar outro inciso já abordado neste livro? Aquele que diz que ninguém será obrigado a fazer, ou deixar de fazer, alguma coisa, senão em virtude de lei? Pois bem.

O princípio da legalidade agora serve como base para outro inciso do artigo 5º que trata especificamente da lei penal.

Dizer que não há crime sem que lei anterior o defina é trazer o princípio da legalidade para dentro do direito penal, e essa *quase* repetição é extremamente importante. Esse princípio tem tamanha relevância que é também invocado no primeiro artigo, aquele que inaugura o nosso Código Penal.[5]

E por que é preciso repetir isso tantas vezes? Em mais de um lugar dentro da Constituição e nas nossas leis ordinárias?

Porque o princípio da legalidade é fundamental na defesa das liberdades e garantias individuais.

Esse inciso é bastante autoexplicativo: ele diz que ninguém pode ser acusado de um crime sem que, no momento da prática desse crime, aquela conduta seja considerada um delito.

A Lei Carolina Dieckmann, por exemplo, que entrou em vigor em 2 de abril de 2013, prevê pena para quem:

> [...] invadir dispositivo informático alheio, conectado ou não à rede de computadores, mediante violação indevida de mecanismo de segurança e com o fim de obter, adulterar ou destruir dados ou informações sem autorização expressa ou tácita do titular do dispositivo ou instalar vulnerabilidades para obter vantagem ilícita.

Portanto, para que alguém seja denunciado, processado e eventualmente condenado pela conduta prevista nessa lei específica, essa conduta tem de se dar após a data do início da vigência da lei.

---

[5] Ver artigo 1º, Código Penal: "Não há crime sem lei anterior que o defina. Não há pena sem prévia cominação legal".

Se alguém cometeu a mesmíssima conduta um dia antes, por esse crime específico, essa pessoa não pode ser processada.

> LV – aos litigantes, em processo judicial ou administrativo, e aos acusados em geral são assegurados o contraditório e ampla defesa, com os meios e recursos a ela inerentes;

Importantíssimo inciso previsto no artigo 5º da Constituição traz segurança aos litigantes, ou seja, às partes dentro de um processo. Essa interpretação pode ser bastante ampla, incluindo não apenas Ministério Público e defesa como também partes antagônicas em qualquer que seja a ação judicial: quem cobra uma dívida e quem é cobrado; o locador e o locatário; pai e mãe, ou pai e pai, ou mãe e mãe que discutam a guarda de seus filhos. Ao falar em litigantes, esse inciso justamente trata das partes opostas, com pedidos diferentes, dentro de uma disputa judicial.

A eles é garantido o que chamamos de contraditório e ampla defesa.

Começaremos com o contraditório. Na prática, isso significa que, toda vez que uma parte falar, se manifestar, requerer algo a um juiz, a outra tem exatamente o mesmo direito, dentro das mesmas condições, de fazer a mesma coisa. O princípio do contraditório é essencial para que ações judiciais não tramitem e tenham seu resultado compartilhado sem o conhecimento de uma das partes.

Quanto ao princípio da ampla defesa, e acredito que, por ele ser praticamente autoexplicativo, é muitas vezes banalizado (um erro *gravíssimo*).

A ampla defesa é uma das garantias mais essenciais de todo e qualquer cidadão. Segundo esse princípio, é garantido a todos o direito de produzir todas e quaisquer provas, dentro dos limites legais, para comprovar aquilo que se alega.

Mais ainda, o referido princípio engloba uma série de direitos essenciais de um acusado em um processo criminal, por exemplo: direito de ser ouvido; direito de poder peticionar; direito de ter todo e irrestrito conhecimento daquilo que se alega contra a sua pessoa; direito de recorrer (quantas vezes entender necessário); direito de produzir provas e principalmente de não produzir provas contra si mesmo; direito de ter ao seu lado um defensor e, através desse defensor, ter voz.

O advogado, ao fim e ao cabo, é isso: a voz dos direitos de seu constituído. É a voz que amplamente e sem qualquer restrição (à exceção das hipóteses legais) defende quem ele representa.

> LVI – são inadmissíveis, no processo, as provas obtidas por meios ilícitos;

Diz a Constituição que, em um processo, é impossível constar provas que foram obtidas por meios ilegais.

A primeira coisa que precisa ficar clara é que a prova chamada ilícita jamais pode ser usada para condenar, mas pode muito bem ser usada para defender alguém. Para explicar isso, vamos usar um caso real bastante conhecido: a *Vaza Jato*.

Muito se ouviu, principalmente daqueles que diminuíam a gigantesca gravidade do episódio, que não poderia haver qualquer decorrência prática desse escândalo, já que as conversas entre procuradores da República e o ex-juiz Sergio Moro foram obtidas mediante a prática de um crime, qual seja, a violação da comunicação dessas pessoas.

Primeiro ponto que precisa ficar claro é que, sim, um crime foi cometido. Os elementos e o material desse crime não podem ser utilizados para processar e, muito menos, para condenar alguém. Ou seja, os procuradores da República que cometeram irregularidades administrativas, e talvez criminais, não poderão ser processados com base no material obtido criminosamente pelos *hackers* que invadiram um aplicativo de comunicação. O ex-juiz Sergio Moro também não pode ser processado com o uso dessa prova.

Já réus em processos que tenham sido prejudicados pelas informações e fatos contidos naquelas conversas podem usar essas provas em suas defesas. Bem objetivamente, os diálogos da *Vaza Jato* não podem ser utilizados para processar o procurador Deltan Dallagnol, por exemplo, mas podem ser utilizados por vários réus da Lava Jato para sustentar a evidente suspeição de Sergio Moro.

Feita essa explicação, falaremos da parte teórica desse importante inciso.

Por que, em um processo, jamais pode existir uma prova obtida por um meio ilegal? Porque jamais, em hipótese alguma, podemos permitir que o Estado e seus agentes cometam algum tipo de ilegalidade com a intenção de prejudicar e, nesse caso, processar alguém.

O Ministério Público nunca poderá processar alguém com base em um depoimento que tenha sido obtido mediante tortura, por exemplo. A polícia jamais poderá utilizar uma prova, como um caderno de anotações, um computador ou até uma arma, que foi obtida após a invasão de um domicílio sem ordem judicial.

A intenção desse inciso é deixar claro que nossa Constituição, além de não admitir o uso de uma prova obtida por meio ilegal, sequer permite que ela conste em um processo. A gravidade do uso de uma prova assim é tão grande que ela não pode estar disponível nem em um processo persecutório.

> *LVII – ninguém será considerado culpado até o trânsito em julgado de sentença penal condenatória;*

O artigo 5º da nossa Constituição carrega princípios e garantias tão essenciais e tão importantes que é difícil dizer se há um mais importante do que o outro. Mas, para mim, o inciso de número LVII é bastante claro e especial. Diz ele que ninguém será considerado culpado até o trânsito em julgado de uma sentença penal condenatória.

Esse inciso estabelece taxativamente que nossa Constituição observa algo chamado de princípio da presunção de inocência. É aquilo que muitas vezes vemos em livros e filmes de que "todas as pessoas são consideradas inocentes até que se prove o contrário". Essa prova do contrário só pode se dar ao final de um processo, e o final de um processo só acontece quando já não existem mais recursos a serem apresentados.

A presunção de inocência foi tema de bastante polêmica em razão de uma alteração no entendimento do STF. Alteração essa que, a meu ver, nunca deveria ter acontecido.

Essa discussão surgiu no contexto da possibilidade de uma pena de prisão ser executada antes do trânsito em julgado de uma sentença condenatória. Explicando de forma mais didática: uma pessoa é condenada em primeira instância, recorre, e um tribunal confirma essa decisão. A discussão que se deu foi se, a partir do momento em que o tribunal confirma essa sentença condenatória, e essa sentença é de prisão, essa prisão deve ser cumprida imediatamente ou se é possível aguardar o julgamento de outros recursos constitucionalmente previstos após esse julgamento ocorrido em segunda instância.

O texto constitucional me parece tão óbvio que ainda tenho dificuldade de entender a razão de tamanha polêmica e divergência.

Só se considera alguém culpado, definitivamente culpado, quando o trânsito em julgado de uma sentença penal condenatória acontecer. E isso só se dá quando não houver mais recursos a serem apresentados. Não há outra interpretação possível.

Para aqueles que entendem que uma pena de prisão já pode ser executada e cumprida antes de todos os recursos serem apresentados, pois bem: altere o texto constitucional. Proponha uma nova constituinte (já que se trata isso de uma Cláusula Pétrea) e, a partir daí, passe a aplicá-lo.

O texto atual vigente é *muito* claro: uma pessoa só pode ser considerada culpada e, portanto, só pode começar a cumprir a pena de um crime, quando for considerada definitivamente culpada, sem que haja qualquer possibilidade de qualquer outro recurso.

Muito se fala, com razão, da demora nos julgamentos dos recursos, mas não se resolve essa demora cerceando direitos – ainda mais direitos cravados em Cláusulas Pétreas da Constituição.

A função primordial desse inciso, e a importância gigantesca do princípio da presunção de inocência, é justamente criar todos os mecanismos possíveis e imagináveis para evitar que um inocente seja preso de maneira injusta. O princípio da presunção de inocência não serve para proteger o culpado, ele protege principalmente o eventual inocente e faz com que ele tenha à sua disposição todos os meios, até o último recurso, disponíveis para provar sua inocência.

Ao fim e ao cabo, esse princípio é aquele que tem o poder de evitar algo extremamente grave que ainda acontece em nosso país e ao redor do mundo: o erro judiciário. Executar a pena só quando todos os recursos foram julgados é uma das formas de evitar que inocentes fiquem na cadeia.

> *LXXIV – o Estado prestará assistência jurídica integral e gratuita aos que comprovarem insuficiência de recursos;*

Um dos maiores, senão o maior, desafios da justiça brasileira é ter seu acesso democratizado.

Ouvimos repetidas vezes que a justiça trata de forma diferente o rico e o pobre, o negro e o branco, e faz outras distinções. Não que, na prática, isso não seja uma realidade, mas o diagnóstico para explicá-la, com frequência, é equivocado. O resultado diferenciado que a justiça muitas vezes dá a um acusado ou uma parte com poucos recursos financeiros se deve ao fato de a defesa dessa pessoa ser menos efetiva e integral do que a de uma pessoa com alto poder aquisitivo.

Em outras palavras, o rico pode, além de contratar bons advogados, fazer perícias particulares, contratar os mais variados especialistas, ativamente produzir provas a seu favor e ter alguém que se dedique quase integralmente à sua causa. Enquanto aquele sem condições financeiras de contratar um advogado particular tem de pedir socorro às Defensorias Públicas ou, nas localidades sem a presença delas, ser atendido por advogados disponíveis pela Ordem dos Advogados do Brasil.

Antes de me aprofundar nesse tema, é preciso deixar clara uma coisa: a Defensoria Pública é uma instituição extremamente importante em nosso país, faz um papel digno de aplausos. Na sua imensa maioria, ela tem defensores e defensoras extremamente vocacionados em seus quadros, e eles fazem, sim, no limite das condições impostas, uma defesa de bastante qualidade.

O problema está justamente nesses limites e condições. Há poucos, pouquíssimos, defensores públicos em nosso país. Em vários estados, o déficit é gigantesco.[6] Mais do que isso, as defensorias têm pouco dinheiro, pouca estrutura e pouco incentivo. Esse quadro, evidentemente e infelizmente, se reflete muitas vezes na efetividade e na eficácia da defesa apresentada.

Por outro lado, nas localidades – e são várias em nosso país – que não são atendidas por Defensorias Públicas, aquele que se vê acusado de um crime, ou aquele que de alguma forma pretende judicializar algum conflito, tem de se socorrer de advogados indicados pela OAB e remunerados por convênios feitos com essa entidade.

A situação aqui também é semelhante. Há, evidentemente, profissionais muito cautelosos, habilidosos e que prestarão um excelente serviço. Há também profissionais sem experiência, profissionais que muitas vezes sequer são verdadeiramente especializados na área em que atuam, que prestam um serviço que deixa, sim, a desejar.

É importante trazer a realidade, o dia a dia da justiça, para que possamos ter essa noção: o acesso à justiça em nosso país não é democrático, não é igualitário. O desafio de cada vez mais democratizar a justiça deve estar sempre presente em toda e qualquer iniciativa nesse campo.

Finalizando, e agora realçando a importância do inciso, está o texto de que estamos tratando, que afirma que é responsabilidade do Estado prestar assistência jurídica integral e gratuita a todas as pessoas que comprovarem não ter condições de contratar um advogado particular.

Esse inciso reforça e traz essa garantia como constitucional, fazendo com que mesmo aquele que não tem quaisquer condições financeiras de contratar um advogado possa, ou ser defendido por

---

6 Segundo dados apresentados em 2018 pela Associação Nacional das Defensoras e Defensores Públicos, o Brasil possui um déficit de pelo menos 6.000 Defensores Públicos. Os três estados com a pior situação são o Paraná (1 defensor para cada 53.147 pessoas), Goiás (1 defensor para cada 34.061 pessoas) e Santa Catarina (1 defensor para cada 26.837 pessoas).

um, ou de seus serviços utilizar quando quiser demandar alguma causa na justiça.

Diferentes tipos de justiça: estadual e federal

A diferença entre a justiça federal e a justiça estadual, tirando a nomenclatura de algumas autoridades de que já tratei em capítulo anterior, é bastante simples e está prevista em nossa Constituição. Compete à justiça federal, em matéria criminal, julgar todos os crimes em que estejam envolvidos bens ou interesses da União.

Vamos aqui trazer alguns exemplos para deixar essa regra constitucional mais clara. Um crime contra o sistema financeiro nacional afeta a União, logo é federal. O crime de tráfico internacional de drogas também. Falsificação de moeda, contrabando, descaminho.[7] São todos crimes de competência federal.

Há a possibilidade de crimes, digamos, mais comuns serem federais, como o homicídio de vítima indígena num contexto de disputa de terras. Uma série de crimes ambientais, por também afetarem a União, são processados e julgados pela justiça federal.

Portanto, é essa análise que precisa ser feita. Se o crime, de alguma forma, afeta a União, a autoridade responsável por investigá-lo será um delegado da Polícia Federal. O Ministério Público Federal será o responsável por oferecer uma Denúncia, iniciando assim um processo, e a justiça a julgar será a federal.

E a estadual?

---

7 O contrabando (artigo 334-A, Código Penal) se dá quando se importa ou exporta mercadoria proibida, ou que dependa de autorização de órgão público, dentre outras hipóteses específicas previstas no artigo. Por outro lado, no descaminho (artigo 334, Código Penal) a mercadoria em si não é proibida, mas deixa de ser recolhido o imposto relacionado à sua importação ou exportação.

Bom, a estadual fica com todo o resto. O que – a título de curiosidade – é muita coisa. A maioria dos crimes previstos no nosso Código Penal é de competência da justiça estadual, razão pela qual ela é numericamente muito maior do que a justiça criminal federal.

Na cidade de São Paulo, por exemplo, temos apenas dez Varas Criminais Federais para mais de trinta Varas Criminais Estaduais, fora varas e departamentos especializados.

E, afinal, o que são essas tais instâncias?

Há mais de quinze anos eu faço a mesma coisa. Quando um possível cliente chega pela primeira vez ao meu escritório, eu costumo dar uma rápida aula de processo penal explicando as instâncias do Poder Judiciário (parecida com o que faço aqui neste livro). A explicação eu faço literalmente desenhando. Nesse desenho, o primeiro traço é uma escada.

Pensem nas instâncias como uma escada que devemos subir um degrau de cada vez. E essa escada é dividida em três blocos: a primeira instância, a segunda instância e os tribunais superiores.

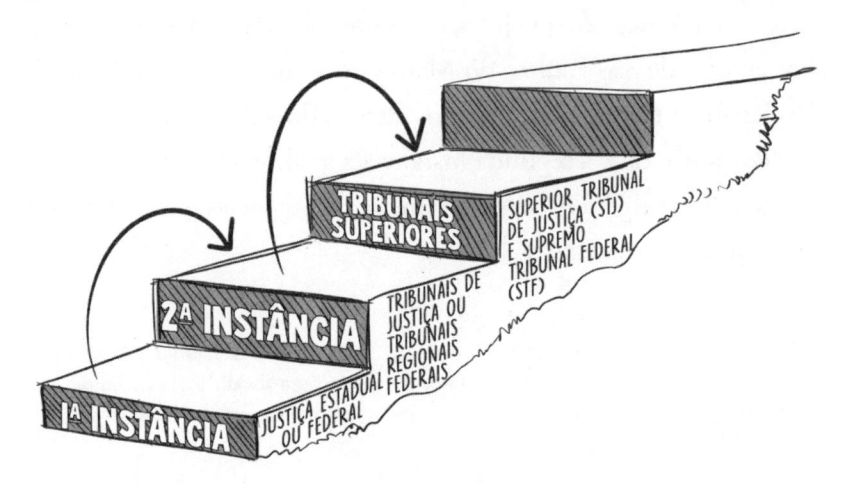

A primeira instância é aquilo que chamamos de justiça de piso (alguns juízes, acertadamente, não gostam dessa denominação). É ela que tem contato com o processo primeiro. Cabe a ela julgar um caso pela primeira vez. O Ministério Público oferece uma Denúncia, essa Denúncia é recebida por um juiz de primeira instância, que tocará o andamento do processo, e ao final da instrução processual proferirá uma sentença absolutória ou condenatória.

Em outras justiças, a tramitação é semelhante. Uma parte aciona outra parte para cobrar uma dívida, por exemplo. Essa ação é distribuída para um juiz de primeira instância que ficará responsável pela tramitação e julgamento desse processo.

Na primeira instância temos, portanto, um juiz (seja ele estadual ou federal), um promotor de justiça ou um procurador da República (nos casos criminais e em outros que a lei expressamente prevê)[8] e os advogados.

Finalizada essa etapa, subimos mais um degrau. Nesse degrau, temos os Tribunais de Justiça. Cada estado do Brasil tem o seu Tribunal de Justiça. Já os Tribunais Regionais Federais (TRFs), nas causas federais, são divididos por regiões (grupos de estados compõem um tribunal). Por exemplo, São Paulo pertence ao Tribunal Regional Federal da 3ª Região, que julga casos que vêm da primeira instância dos estados de São Paulo e do Mato Grosso do Sul. Já o TRF da 4ª Região julga processos de todos os estados do Sul do Brasil.

Portanto, cabe à segunda instância a análise de recursos que tenham como origem processos, temas e divergências que ocorreram em primeira instância.

---

8 Em alguns casos, o Ministério Público atuará como parte, a exemplo das Ações Civis Públicas (artigo 5º da Lei n. 7.347/85), e em outros como fiscal da lei, a exemplo dos processos que envolvem interesse de pessoa incapaz (conforme estabelece o artigo 178, II, do Código de Processo Civil).

Toda sentença que um juiz profere, portanto, e de que alguma das partes venha a discordar, jamais poderá ter esse recurso julgado por esse mesmo juiz ou por um juiz no mesmo degrau. É necessário que se suba um degrau, a um tribunal diretamente acima, para que esse recurso, seja ele qual for, seja julgado.

Quando a segunda instância julga algo que veio da primeira instância e definitivamente se posiciona, ainda é possível subir mais um degrau e apresentar recursos aos tribunais superiores.

Quando falo desses tribunais me remeto ao Superior Tribunal de Justiça e ao Supremo Tribunal Federal.

É possível uma decisão de um tribunal de segunda instância recorrer a essas duas cortes, as últimas dessa imaginária escada, mas em situações específicas previstas por lei.

Há basicamente dois recursos: um chamado Recurso Especial, direcionado ao STJ, e outro chamado Recurso Extraordinário, endereçado ao STF. Ambos preveem critérios bastante objetivos para que os recursos sejam admitidos.

O que eu quero dizer com isso? Que não é automático. Nem todo processo que começou em primeira instância e teve um recurso julgado em segunda instância será julgado nos tribunais superiores. Isso porque muitas vezes esse recurso que alguma das partes apresenta ao STJ e ao STF não é admitido. Ou seja, há um obstáculo no meio dessa escada, e esse obstáculo é previsto por lei, o que faz com que esse degrau não possa mais ser alcançado.

Sendo assim, esse processo teria uma situação definitiva já em segunda instância.

Há dois possíveis fatos processuais interessantes que serão tratados de forma mais detalhada ao longo deste livro, mas vamos adiantar a explicação aqui.

O Habeas Corpus, que não é propriamente um recurso, segue, em linhas gerais, o mesmo caminho. Ou seja, deve subir as escadas degrau por degrau.

Quando uma prisão é decretada por um juiz de primeira instância, por exemplo, um Habeas Corpus que tem por objetivo revogá-la deve ser apresentado aos Tribunais de Justiça (em se tratando de um crime de competência estadual) ou ao Tribunal Regional Federal (em casos de crimes de competência federal).

Se a defesa não obtiver êxito, deverá, subindo mais um degrau, apresentar um novo Habeas Corpus (mais especificamente um Recurso em Habeas Corpus) ao STJ. Se não houver êxito de novo, deve subir o último degrau e fazer esse pedido ao Supremo.

A última hipótese que vale mencionar, e que foge à regra do degrau por degrau, são os casos em que há uma competência originária de algum tribunal.

Explico de forma bastante objetiva.

Algumas autoridades, e mais para a frente você irá descobrir que são muitas, têm o que chamamos de prerrogativa de foro por função. Um prefeito, por exemplo, é julgado diretamente em segunda instância (por um Tribunal de Justiça) e deve, então, começar a sua escada processual nesse degrau.

Um senador da República tem apenas um degrau, já que seus processos começarão diretamente perante o Supremo Tribunal Federal.

Quando muitos entendem que a prerrogativa de foro só beneficia aqueles que a contemplam, esquecem que, do ponto de vista prático, ela causa alguns prejuízos, já que o número de recursos diminui bastante (ou seja, há menos degraus para subir).

Crime, dolo e culpa

Antes de começar pelo básico, é importante mencionar que o conceito de crime é algo muito discutido e estudado na doutrina brasileira e ao redor do mundo. Não pretendo aqui entrar nos pormenores dessa discussão. Mas é importante entender pelo menos alguns conceitos.

De forma bem sintética, um crime pode ser definido por uma mera formalidade. Ou seja, crime é o fato que a norma legal entende como crime. Portanto, tudo aquilo que o Código Penal define como crime é crime (parece meio óbvio, né?). Matar alguém é crime porque o artigo 121[9] do Código Penal diz que é crime. Mas é claro que não poderia ser tão simples assim.

Para entender o conceito teórico de crime, é importante que tenhamos em mente que o crime é toda ação ou omissão humana que lese ou exponha a algum perigo aquilo que chamamos de bens jurídicos tutelados (protegidos). E essa expressão é bastante importante, principalmente para se evitar o expansionismo e populismo penal, que com frequência pretende transformar condutas em criminosas quando elas não deveriam ser classificadas assim. E o estudo e a importância do bem jurídico se inserem justamente aí.

Vamos explicar com um exemplo, o do crime de homicídio.

Qual o bem jurídico que o crime de homicídio protege? A vida. Portanto, quando se diz que matar alguém é um crime, o bem jurídico protegido é a vida humana. Assim, quando o Código Penal diz que subtrair mediante violência coisa móvel

---

[9] Ver Código Penal, artigo 121: "Matar alguém: Pena – reclusão, de seis a vinte anos".

alheia é um crime de roubo,[10] ele está protegendo o bem jurídico tutelado – nesse caso, o patrimônio e a integridade física de uma pessoa. Portanto, para algo ser considerado crime, é necessário que o bem jurídico seja atingido ou exposto a perigo. E, antes disso, para que uma conduta seja transformada em crime, principalmente na criação de novos tipos penais, é essencial que esse bem jurídico seja algo que necessariamente tenha de ser tutelado pelo direito penal.

A pergunta que sempre deve ser feita é se esse bem jurídico é importante o suficiente para que o direito penal, a última das opções, seja chamado a protegê-lo. Mais ainda, é essencial que se verifique se outros tipos de sanções (administrativas, por exemplo) não podem ser suficientes para punir uma conduta.

Agora vamos falar sobre um tema que frequentemente, inclusive em matérias jornalísticas, é entendido de maneira equivocada.

Qual a diferença entre um crime doloso, culposo ou, ainda, um dolo eventual?

Vamos começar pelo crime doloso. Age dolosamente aquela pessoa que, ao cometer um crime, tem a intenção de cometê-lo (há uma longa e constante discussão na doutrina sobre os elementos e requisitos do dolo, mas para o fim desta obra a explicação dada imagino ser suficiente).

Usando, mais uma vez, o exemplo do crime de homicídio: alguém que saca uma arma e desfere tiros contra outra pessoa com a intenção de matar age com dolo e, portanto, será processado por um homicídio doloso.

---

10 Ver Código Penal, artigo 157: "Subtrair coisa móvel alheia, para si ou para outrem, mediante grave ameaça ou violência a pessoa, ou depois de havê-la, por qualquer meio, reduzido à impossibilidade de resistência: Pena – reclusão, de quatro a dez anos, e multa".

Já o crime culposo é aquele em que o autor não tinha a intenção de cometer o crime, mas deixou de observar um dever de cuidado, sendo imprudente, negligente ou imperito. São essas as figuras que o Código Penal prevê para a modalidade de culpa.[11] Se você deixar um vaso de planta próximo da sacada de seu apartamento, e ele cair com o vento na cabeça de um pedestre, tirando-lhe a vida, é evidente que você não teve a intenção de matar em momento algum, mas uma pessoa morreu. Portanto, você deverá ser processado(a) por um homicídio culposo.

Portanto, para que fique claro e que erros básicos não sejam mais cometidos: um crime doloso é aquele em que há intenção clara de praticá-lo; um culposo é aquele que se dá por uma imprudência, negligência, ou imperícia daquele que o cometeu.

Há uma figura importante a ser mencionada porque assistimos a notícias sobre ela frequentemente nos jornais, que é o dolo eventual. Essa modalidade é aquela em que o autor do crime não age com clara intenção, mas, diante de sua conduta, é evidente que ele assume os riscos dela. O exemplo mais comum é um acidente de trânsito em que o condutor do veículo está embriagado. Na maioria das vezes, os acidentes de trânsito que causam a morte de alguém são crimes culposos. O motorista dirige de forma desatenta, não observa uma conversão proibida, provoca um acidente e causa a morte de alguém. Não há aí intenção de matar. Isso é diferente daquele que, embriagado, sabendo estar embriagado e, portanto, sem condições de conduzir um veículo, assume o risco de produzir um acidente fatal – se ele machucar alguém, trata-se de um possível dolo eventual. Digo possível porque, nesses casos, é necessário analisar as provas e o que

---

[11] Ver Código Penal, artigo 18, II: "Diz-se o crime: [...] culposo, quando o agente deu causa ao resultado por imprudência, negligência ou imperícia".

aconteceu de fato. Mas é um exemplo em que essa modalidade frequentemente é discutida.

Modalidades de prisão

Antes de tudo, anote aí: prisão preventiva *não* é aquela que não tem prazo para terminar, ao contrário da prisão temporária. Ponto. Quantas vezes eu li e ouvi, em rede nacional, renomados jornalistas (e até advogados) afirmando isso!

Portanto, fique com essa primeira lição. As diferenças entre prisão temporária e prisão preventiva são outras, que explicarei em breve.

Primeiro, precisamos diferenciar dois tipos de prisão. A prisão provisória e a prisão para execução (cumprimento) de pena.

A prisão para cumprimento de pena é bastante mais clara. Alguém que responder a um processo, venha ser condenado e sua condenação transitar em julgado (ou seja, contra ela não cabe mais nenhum recurso) deverá começar a cumprir uma pena. Vamos imaginar a hipótese: alguém é condenado a cinco anos e quatro meses, em regime fechado, pelo crime de roubo. Se ele respondeu a esse processo em liberdade (o que é pouquíssimo provável), quando a condenação se tornar definitiva, essa pessoa deverá cumprir a pena. Portanto, essa é a modalidade de prisão para cumprimento de uma sentença penal condenatória. Nos livros de Direito, o nome disso é prisão para execução da pena.

Já as prisões provisórias podem ser divididas em três modalidades distintas.

A primeira delas é a prisão em flagrante, e ela acontece quando uma pessoa é encontrada em flagrante delito. E o que seria isso?

Uma pessoa em flagrante delito: está cometendo um crime no momento desta prisão; ou pode ela ter acabado de cometer um crime; ou pode ter sido perseguida logo após de ter cometido um crime e aí então ser presa; ou pode ser encontrada logo depois do cometimento desse crime com objetos, por exemplo, que façam crer ser ela a autora do crime.

Portanto, uma prisão feita dias após o cometimento de um crime, ou até horas após esse crime, sem que tenha havido uma perseguição prévia, ou nos casos em que nada foi encontrado com essa pessoa que indique ser ela autora do crime, não pode ser considerada uma prisão em flagrante.

Nesses casos, após a apresentação de um pedido de relaxamento de prisão em flagrante ao juiz, acontece (ou deveria acontecer) aquilo que chamamos de relaxamento de prisão em flagrante, que nada mais é do que colocar o preso em liberdade.

A segunda modalidade é a prisão temporária. Essa prisão tem como marca essencial a necessidade fundamentada de se prender para investigar. A prisão temporária tem como característica principal ser ela decretada no curso de uma investigação, dentro de um Inquérito Policial. Pelas razões que a autoridade policial responsável pela investigação tem de especificar, a prisão de uma pessoa deve ser decretada para que essa investigação, por exemplo, possa fluir normalmente. É por isso que essa prisão tem um tempo específico para durar e terminar. Finalizado o prazo, a pessoa ou é colocada em liberdade ou tem a prisão temporária transformada (após um pedido do MP e a decisão de um juiz) em prisão preventiva.

A lei prevê, a depender do tipo de crime, o prazo de cinco dias para a sua duração, podendo ser estendido por uma vez por mais cinco dias. Nos casos de crimes hediondos, o prazo é de trinta dias prorrogáveis – sempre sob uma justificativa plausível e concreta – por mais trinta dias.

Outro detalhe importante da prisão temporária é que ela não pode ser decretada quando não estão sendo investigados crimes previstos pela própria lei como admissíveis para a aplicação dessa modalidade de prisão. Ou seja, nem todos os crimes do Código Penal permitem a prisão temporária. Apenas os crimes – digamos – mais graves podem ser contemplados nessa prisão.

Por último, trataremos da mais comum e polêmica modalidade de prisão: a prisão preventiva.

Quando pensamos em uma prisão preventiva, a primeira palavra que obrigatoriamente tem de vir à cabeça é exceção. Isso porque ela deve ser sempre excepcional. Mas, infelizmente, nas últimas décadas, ela tem se tornado regra no Brasil.[12] E isso é uma das causas do nosso superencarceramento.

E por que a prisão preventiva deve ser decretada apenas em caráter excepcional? Porque o preso preventivo, como o nome já indica, é aquele que será preso antes de uma sentença penal condenatória. Logo, e é óbvio, em uma prisão preventiva, corremos o risco de prender um inocente.

---

12 Ver "O fim da liberdade", pesquisa realizada pelo Instituto de Defesa do Direito de Defesa (IDDD) que observa que "A decretação de prisão preventiva tem sido a tendência nas audiências de custódia" (p. 85). Disponível em: https://iddd.org.br/wp-content/uploads/2020/09/ofimdaliberdade_completo-final.pdf. Acesso em: 12 jul. 2021.
Ver "Painel Interativo do Levantamento Nacional de Informações Penitenciárias", período de julho a dezembro de 2019: o número de presos provisórios era de 222.558. Disponível em: http://antigo.depen.gov.br/DEPEN/depen/sisdepen/infopen. Acesso em: 14 jun. 2021.
Ver informe "O sistema prisional brasileiro fora da Constituição – 5 anos depois: balanço e projeções a partir do julgamento da ADPF 347", do Conselho Nacional de Justiça, de junho de 2021 (p. 7): "Pelo menos 690 mil audiências [de custódia] realizadas desde 2015, 277,7 mil conversões em liberdade (média de 40,2%), 412 mil conversões em preventiva (média de 59,8%)". Disponível em: https://www.cnj.jus.br/wp-content/uploads/2021/06/Relato%CC%81rio_ECI_1406.pdf. Acesso em: 17 jun. 2021.

E como podemos mensurar e aplicar essa excepcionalidade? Por incrível que pareça, é bem simples, já que a nossa lei processual, ou seja, nosso Código de Processo Penal, nesse tema é muito bom. Mais do que boa, a lei processual que trata desse tema é atual.

Recentes alterações no Código de Processo Penal deixaram bastante evidentes as possibilidades, condições e situações em que uma prisão preventiva pode ser decretada. Mais do que isso, o Poder Legislativo, sabendo que a lei vinha sendo desrespeitada, conseguiu prever formas e mecanismos de diminuir sua aplicação errada. Contudo, isso não vem freando as numerosas prisões preventivas ilegais.

Há, inclusive, uma disputa – por assim dizer – entre os Tribunais Superiores, os Tribunais de Justiça e os Tribunais Regionais Federais em todo o país. Os Tribunais Superiores (o STJ e o Supremo), diariamente e de forma unânime, afirmam que a prisão preventiva só pode ser decretada em situações específicas mediante despachos fundamentados que indiquem concretamente a necessidade de se prender alguém antes de uma sentença. Por outro lado, é comum verificar juízes de primeira instância decretando prisões preventivas dizendo exatamente o contrário do que a jurisprudência[13] desses tribunais determina. E pior: Tribunais de Justiça e TRFs mantendo as prisões ilegais, ignorando completamente o entendimento unânime e consolidado do STJ e do STF.

Vamos, então, entender o que a lei diz sobre a prisão preventiva.

O primeiro ponto é que ela pode ser decretada apenas nos crimes em que haja uma pena máxima superior a quatro anos. Pode também ser decretada excepcionalmente em casos em que a pena

---

13 Jurisprudência é o conjunto de decisões dos tribunais em um mesmo sentido sobre determinado assunto, de forma a consolidar um entendimento que é repetidamente utilizado e que pode ser usado como norte para outros casos concretos.

máxima é inferior a esses quatro anos se envolver violência doméstica, familiar, contra mulher, criança, adolescente, idoso, enfermo ou pessoa com deficiência.

Além disso, diz o artigo 312 do Código de Processo Penal (e esse é o artigo mais importante que trata do tema) que a prisão preventiva poderá (e veja o tempo verbal utilizado no artigo: "poderá", não "deve") ser decretada para: garantir a ordem pública; garantir a ordem econômica; por conveniência da instrução criminal; ou para assegurar a aplicação da lei penal.

Vamos traduzir todo esse *juridiquês*.

Garantia da ordem pública é um dos requisitos mais abertos desse artigo, mas ele precisa ser interpretado de forma bastante restritiva. É aplicada quando uma pessoa precisa ser presa preventivamente porque ela, em liberdade, pode ser uma ameaça a essa ordem pública.

Para ficar mais claro, vamos supor o seguinte exemplo. Uma pessoa que já foi presa duas ou três vezes pelo crime de roubo conseguiu liberdades sucessivas – ou seja, foi solta – durante esses processos, mas foi presa mais uma vez pelo mesmo crime. Tudo leva a indicar que, se ela estiver em liberdade de novo, voltará a cometer esse delito, uma vez que o fez várias vezes. Logo, ela é presa preventivamente para proteger a sociedade na iminência de que o acusado – que deu indícios concretos (e essa concretude é essencial) de que poderá voltar a delinquir – fique em liberdade durante o novo processo.

Já prender preventivamente alguém por conveniência da instrução criminal significa dizer que o acusado, em liberdade (e aqui mais uma vez, a demonstração de atos concretos e objetivos é essencial), pode atrapalhar o andamento de um processo de alguma forma. Por exemplo, se ele ameaça testemunhas, destrói provas ou cometa algum ato comprovado que coloca em risco o andamento normal do processo.

Por último, diz a lei que se pode prender preventivamente para assegurar a aplicação da lei penal. Essa justificativa é a mais fácil de explicar: prende-se alguém nesse caso porque essa pessoa deu indícios de que poderá fugir para evitar uma possível condenação e cumprimento de pena. Aqui, mais uma vez, são necessários atos concretos, existentes, reais. Não se pode presumir que a pessoa fará isso.

Na prática, muitas vezes, não é isso que acontece. São inúmeros os despachos decretando ou mantendo prisões preventivas em que o próprio tempo verbal já indica essa presunção. Em geral, neles, a justiça escreve: o acusado em liberdade *poderá* fugir; por morar perto de fronteira, o acusado *poderá* se evadir; em razão do seu alto poder econômico, o acusado *pode* obter meios para sair do país. Mas, nesses casos, estamos tratando de hipóteses, e não de uma ordem de prisão fundada em fatos.

É necessário que o acusado cometa atos que indiquem a intenção de fugir. Ou seja, tem que tentar fugir, dar indícios de que pretende fugir, e não que simplesmente ele *pode* fugir.

Se alguém, por exemplo, é encontrado no aeroporto, em um ônibus, em seu veículo tentando atravessar as fronteiras de um estado, aí, sim, pode-se decretar essa modalidade de prisão excepcional.

Finalizando o tema das prisões, e retomando um pouco o que aqui já foi dito, trataremos de algo que reforça ainda mais a vontade do legislador de deixar claro o caráter excepcional de uma prisão preventiva.

A prisão preventiva sempre deve ser, além de excepcional, a última medida (posto que a mais grave) a ser aplicada contra alguém que ainda não tem uma condenação criminal.

A escala de gravidade fica bastante evidente quando, em nossa lei, há a possibilidade de se aplicar medidas menos invasivas à liberdade de uma pessoa em vez de já decretar sua prisão preventiva. Essas medidas são as que chamamos de cautelares alternativas à prisão. O que a lei expressamente prevê, e a jurisprudência consolidada dos nossos Tribunais Superiores afirma, é que o juiz, ao decretar uma prisão ou deixar de revogá-la, deve obrigatoriamente explicar por que as medidas cautelares não seriam suficientes para o caso específico.

E que medidas são essas?

Você certamente já deve ter acompanhado nas notícias dos mais variados casos criminais do país pessoas que têm sua liberdade restringida mediante o uso de tornozeleira eletrônica, proibição de frequentar determinados lugares, recolhimento domiciliar noturno, retenção de passaporte, perda de cargo e função. Essas são medidas cautelares alternativas à prisão.

Com o número assustadoramente excessivo, injusto e ilegal de prisões preventivas em nosso país, a Lei das Cautelares (como ficou conhecida), quando aprovada, foi aplaudida por vários atores do sistema de justiça. Naquele momento, pensou-se ter encontrado uma solução intermediária entre prender e soltar alguém. Para casos em que a prisão clássica pudesse não ser a medida mais acertada, mas a liberdade total poderia trazer riscos, essas medidas intermediárias restringem de maneira suficientemente dura a liberdade de alguém.

Mas a prática nos mostrou o contrário. Com justificativas muitas vezes pueris, o judiciário foi muito resistente à aplicação das cautelares, e essa importante inovação da lei não "pegou".

E aqui faço um parêntese para comentar algo curioso.

No Brasil, vivemos frequentemente esta realidade: há leis que "pegam" e leis que "não pegam". Como se fosse possível a nós, cidadãos, a toda a sociedade, aplicar a lei e a Constituição conforme nosso entendimento, gosto ou vontade. Se a lei foi aprovada legitimamente pelas nossas casas legislativas e não teve a sua constitucionalidade discutida junto ao STF, cabe a todos segui-la. Mais ainda: cabe ao Poder Judiciário aplicá-la!

O Habeas Corpus

De início, é importante deixar claro que o Habeas Corpus não é propriamente um recurso. Ele é o que chamamos de um remédio constitucional. Sua previsão, dada sua enorme importância, está em um dos incisos do artigo 5º da Constituição Federal.[14]

O Habeas Corpus é encontrado no ordenamento jurídico de dezenas de países e sua origem é bastante remota. O antecedente histórico mais moderno é do ano 1215.

No Brasil, o Habeas Corpus foi primeiro tratado no Código de Processo Penal de 1832 e, posteriormente, com a Constituição de 1891, ganhou o *status* de garantia constitucional.

Um ponto bastante curioso sobre o Habeas Corpus, e esse exemplo é dado até hoje nos cursos de Direito, é que você pode redigir um Habeas Corpus sem qualquer tipo de formalidade legal – se quiser, inclusive, pode escrevê-lo em um guardanapo.

Reforçando a importância desse remédio constitucional, não há inclusive a necessidade da assinatura de um advogado ou de alguém com formação jurídica. Qualquer cidadão, da maneira como bem entender, pode redigi-lo e apresentá-lo a um tribunal.

---

14 Ver Constituição Federal, artigo 5º, LXVIII: "conceder-se-á Habeas Corpus sempre que alguém sofrer ou se achar ameaçado de sofrer violência ou coação em sua liberdade de locomoção, por ilegalidade ou abuso de poder".

Há basicamente dois tipos de Habeas Corpus: o preventivo e o liberatório. No dia a dia da advocacia criminal, raríssimas são as vezes em que um advogado apresenta um Habeas Corpus preventivo. Isso porque o Habeas Corpus preventivo serve para evitar a ocorrência da violação de um direito. Ele é cabível quando existe apenas uma ameaça de cerceamento de um direito.

Já o Habeas Corpus chamado de liberatório, e esse nome confunde um pouco e mais para a frente explicarei o porquê, é apresentado depois que um cidadão teve, de alguma forma, um direito cerceado ou desrespeitado.

Uma confusão muito frequente deriva do nome desse remédio: habeas vem de *habeo*, que significa trazer, exibir, e *corpus*, de corpo. Portanto, a tradução "trazer o corpo" leva, muitas vezes, à equivocada impressão de que o Habeas Corpus serve somente, e tão somente, para casos de prisão.

Não, o Habeas Corpus serve para muito mais do que isso. Seu cabimento é bastante amplo e nós podemos apresentá-lo a um juiz ou um tribunal toda vez que entendermos que um cidadão sofre o que chamamos de constrangimento ilegal. Vou citar alguns exemplos para facilitar a compreensão de casos em que é plenamente possível a "impetração" (esse é o nome correto) de um Habeas Corpus.

Porém, antes disso, percebam que há em todos eles, de alguma forma, direta ou indiretamente, a ameaça ao direito de locomoção. Esse é o norte que devemos ter para verificar o cabimento ou não de um Habeas Corpus.

Uma pessoa que é intimada para prestar um depoimento na condição de investigado em uma CPI, por exemplo, pode apresentar um Habeas Corpus para que seus direitos sejam garantidos, como o direito de permanecer em silêncio, o direito de ter ao seu lado um advogado constituído, e o direito de ter acesso às informações da investigação antes de depor.

Em casos excepcionais, e essa excepcionalidade é afirmada pela jurisprudência dos Tribunais Superiores, pode-se apresentar um Habeas Corpus para discutir aquilo que chamamos de justa causa no oferecimento de uma Denúncia. O Ministério Público apresenta uma acusação formal através da Denúncia contra alguém, e essa Denúncia de pronto, e flagrantemente, possui algum tipo de vício, algum tipo de erro, como a acusação ser feita em uma situação em que claramente não há a prática de um crime. Aqui também se pode questionar essa ilegalidade através de um Habeas Corpus.

Agora que já entendemos para que pode servir um Habeas Corpus, vamos tratar um pouco do nome das partes desse remédio constitucional.

Impetrante é aquele que elabora o pedido de Habeas Corpus e, como eu já disse, qualquer um do povo pode fazê-lo. Já paciente é o nome que se dá à pessoa que, de alguma forma, está sofrendo ou pode vir a sofrer o cerceamento de sua liberdade de locomoção. Por último, temos a chamada autoridade coatora. Essa é a autoridade, seja judicial, seja policial, responsável pelo ato que o Habeas Corpus ataca.

Na sequência, importante entender quem é competente para julgar um Habeas Corpus, e isso tem uma relação direta com a autoridade coatora de cada caso. Funciona assim: como nos degraus das instâncias judiciárias, apresenta-se um Habeas Corpus sempre à autoridade hierarquicamente acima daquela responsável pelo ato que se contesta.

Se o ato vem de um delegado de polícia, pode-se apresentar um Habeas Corpus a um juiz de direito. Se um ato vem de um juiz de direito, apresenta-se um Habeas Corpus ao Tribunal de Justiça ou ao Tribunal Regional Federal. Se o ato vem desses tribunais, sobe-se um degrau até o STJ. E se o ato a ser atacado vem de um ministro ou ministra do STJ, sobe-se um último degrau batendo às portas do STF.

O último ponto importante a ser tratado, e nesse especificamente costuma-se fazer uma confusão, em especial nas notícias divulgadas na imprensa, diz respeito ao que chamamos de pedido liminar.

O que é uma liminar? Liminar é um pedido de urgência. Um pedido que precisa ter a sua apreciação quase que imediata. É um pedido que antecede o julgamento final de um Habeas Corpus. Por exemplo, vamos supor que uma pessoa foi presa ilegalmente e está na cadeia. Um Habeas Corpus demora, em média, pelo menos no Tribunal de Justiça de São Paulo, por volta de 45 dias para ser julgado – em alguns casos, até 90 dias. É inimaginável supor que uma pessoa presa ilegalmente tenha de aguardar todo esse tempo para que a justiça aprecie o seu pedido.

O pedido liminar, portanto, tem um resultado precário e temporário, já que deve ser confirmado quando se julgar o Habeas Corpus. Ou seja, pede-se liminarmente a soltura de alguém. Em geral, essa decisão é muito mais rápida, desde algumas horas até no máximo alguns dias. Ao ter esse pedido concedido, em uma liminar, que é sempre uma decisão monocrática[15] tomada exclusivamente por uma autoridade só (e não por um colegiado, ou seja, um grupo de julgadores), essa medida vale até o julgamento do que chamamos de mérito do Habeas Corpus. Nesse julgamento

---

15 A decisão monocrática é aquela proferida por um só magistrado. No Tribunal de Justiça do Estado de São Paulo, por exemplo, três desembargadores são responsáveis por decidir conjuntamente determinados recursos. Quando é proferida uma decisão monocrática, somente o relator é que decide, sem levá-la ao conhecimento dos demais integrantes responsáveis pelo julgamento.

colegiado, a liminar será confirmada, mantendo-se a liberdade da pessoa integralmente ou sendo revogada, e o paciente volta à prisão.

Você deve estar se perguntando: "Mas, neste caso hipotético, o pedido liminar não é exatamente igual ao pedido do próprio Habeas Corpus?". Sim, temos o que chamamos de uma liminar satisfativa: ela se confunde com o mérito do pedido.

No entanto, isso pode ser diferente em outros casos. Vamos imaginar o seguinte: existe um Inquérito Policial instaurado que investiga um fato que não constitui um crime. Dentro desse Inquérito, há um depoimento marcado para dali a uma semana da apresentação do Habeas Corpus. No pedido liminar, o que será solicitado? A suspensão desse depoimento, já que o julgamento de um Habeas Corpus exige urgência, e uma semana é tempo demais. No mérito, pede-se o que chamamos de trancamento do Inquérito Policial.

Perceba que, nesse caso, o pedido de liminar é completamente diferente do pedido de Habeas Corpus. A liminar somente requer o cancelamento de um depoimento e o Habeas Corpus, o arquivamento de uma investigação ilegal.

O que costumamos ler muitas vezes na imprensa é a confusão em dizer que alguém perdeu ou ganhou um Habeas Corpus, quando, na verdade, o resultado foi apenas o da liminar. É bastante normal, até em liminares satisfativas, como aquelas que pedem a soltura de alguém, a liminar ser indeferida, mas o Habeas Corpus (quando julgado por um colegiado) ser deferido.

Portanto, para finalizar, que fique claro: perder a liminar não significa que você perdeu um Habeas Corpus. E ganhar uma liminar, muitas vezes, também não significa que você já ganhou ou vai ganhar esse Habeas Corpus.

Os recursos

Vamos pensar na justiça de forma ampla, e não apenas na justiça criminal.

Toda decisão judicial deve e tem um norte: ser justa. Um processo criminal, que tem o poder de limitar a liberdade de um cidadão, deve ter como regra sempre a busca da verdade – o acusado é inocente ou culpado? – e, no caso de uma condenação, que lhe seja imposta uma pena justa.

Uma disputa entre partes, que envolva questões financeiras, comerciais ou algo extremamente pessoal (como a guarda de um filho), deve também sempre se pautar pelo critério da justiça, da observância da lei.

Só que a justiça erra, homens erram, juízes erram. O princípio básico de um recurso dentro de um processo passa pelo reconhecimento da falibilidade humana. Juízes podem errar ao aplicar, ou ainda, ao interpretar uma lei.

A origem da palavra recurso vem do latim, *recursus,* que significa retomar o curso.

São incontáveis as vezes, tanto na justiça criminal quanto em outras áreas, que decisões tomadas por juízes honestos, competentes, por grandes profissionais, são revistas por tribunais. Desembargadores desses tribunais, tão competentes, vocacionados e probos quanto o juiz que errou, também têm suas decisões revistas por nossos tribunais superiores. Isso é mais do que normal, é esperado.

A característica e função principal de um recurso é fazer com que algo que impacte diretamente a vida de alguém não tenha um único olhar, não tenha uma única interpretação. Um homem não pode ser levado à cadeia por anos somente e tão somente com base na interpretação de uma pessoa, um juiz, um promotor.

É seu direito que esse cerceamento à sua liberdade seja confirmado, reanalisado, reestudado por outras instâncias através de recursos. O mesmo vale para todas as outras possibilidades que eu aqui já demonstrei. Imaginem a guarda de um filho, porque, muitas vezes, ao pensarmos exclusivamente no campo da justiça criminal, nossa análise mais racional tende a querer que uma pena seja logo executada, que a punição venha o quanto antes. Então pensemos diferente. Seria justo decidir sobre a guarda de uma criança em apenas uma decisão? É justo que apenas um juiz decida definitivamente a vida de um jovem?

Decisões irrecorríveis são decisões definitivas e a definição de todo e qualquer processo só deve vir após a análise de mais de uma autoridade e mais de um tribunal.

Há, tanto em matéria penal quanto em questões cíveis, diversos recursos que podem ser apresentados pelas partes. Alguns recursos podem ser apresentados no curso de um processo apenas para corrigir alguma falha, e esses recursos podem ser direcionados inclusive à autoridade que eventualmente tenha errado, para que ela possa fazer o que chamamos de reconsideração de sua decisão.

Ou recursos podem ser apresentados quando há algo, digamos, mais definitivo em um processo. Uma sentença de primeira instância, em âmbito criminal, por exemplo, gera a possibilidade de um recurso que pode ser considerado o mais clássico de todos: a apelação. De uma sentença, seja ela condenatória ou absolutória, a parte que se sentir não atendida apresentará ao tribunal diretamente superior o seu recurso de apelação.

Não trataremos detalhadamente de todos os recursos existentes em nossa legislação, mas saibam que a possibilidade de recorrer é algo previsto em todos os sistemas jurídicos do mundo. Alguns países com um número maior de recursos, outros com um número menor, mas sempre com a mesma intenção: quando uma decisão judicial se tornar definitiva, que tenha ela passado por mais de uma análise para que possa ser aquilo que esperamos de mais próximo da justiça.

Os tribunais superiores e sua função (inclusive suas não funções)

Para fins deste livro focarei a análise em dois dos cinco Tribunais Superiores que temos em nosso país: falarei do Superior Tribunal de Justiça e do Supremo Tribunal Federal.

Começaremos pelo STJ. Esse tribunal, formado por no mínimo 33 membros entre ministros e ministras, tem como principal função ser o guardião da nossa legislação federal. A principal competência do STJ é julgar um recurso que chamamos de Recurso Especial,[16] que é apresentado justamente quando há algum tipo de violação a uma lei federal. O STJ tem ainda a importantíssima função de uniformizar as decisões, criando jurisprudência para os tribunais de todo o país que também trabalhem com legislação federal.

O STJ também tem aquilo que chamamos de competência originária. Algumas ações são diretamente julgadas nesse tribunal e algumas autoridades, em razão do cargo que ocupam, também são diretamente investigadas e julgadas no STJ. É o caso de governadores, desembargadores dos Tribunais de Justiça, Membros do

---

16 Ver Constituição Federal, artigo 105, III: "Compete ao Superior Tribunal de Justiça julgar, em recurso especial, as causas decididas, em única ou última instância, pelos Tribunais Regionais Federais ou pelos tribunais dos Estados, do Distrito Federal e Territórios, quando a decisão recorrida: a) contrariar tratado ou lei federal, ou negar-lhes vigência; b) julgar válido ato de governo local contestado em face de lei federal; c) der à lei federal interpretação divergente da que lhe haja atribuído outro tribunal".

Tribunal de Contas dos Estados. Têm eles todos a prerrogativa de serem primeiramente julgados no STJ.

O STJ é também, na escada imaginária das instâncias, um terceiro degrau. Depois de passar pela primeira instância, depois de recorrer aos TJs ou aos TRFs de nosso país, caberá, subindo mais um degrau, apresentar algum tipo de recurso ao STJ.

Já o Supremo Tribunal Federal é um tribunal menor em tamanho – são 11 ministros e ministras –, mas com uma responsabilidade gigantesca: o de ser o tribunal guardião de nossa Constituição Federal.

Essa incumbência está disposta de forma expressa no artigo 102 da própria Constituição, que diz que cabe ao Supremo essa defesa.[17]

Inicialmente cabe ao Supremo julgar um recurso específico que trata dessas questões, chamado de Recurso Extraordinário,[18] que é aquele que de uma decisão de instância inferior apresenta-se quando um dispositivo constitucional é violado.

A atuação do Supremo é bastante ampla. Esse tribunal é incumbido de julgar extradições e é responsável pelo julgamento de quaisquer arguições de descumprimento de preceitos fundamentais – que são ações propostas para que os princípios da Constituição sejam respeitados. O Supremo também tem a competência originária de julgar o presidente da República, o vice-presidente, membros do Congresso, ministros de Estado, todos esses que serão também inicialmente investigados e julgados por nossa mais alta corte, que tem, ao fim e ao cabo, a função de ser a última a falar.

---

17 Ver Constituição Federal, artigo 102: "Compete ao Supremo Tribunal Federal, precipuamente, a guarda da Constituição [...]".

18 Ver artigo 102, III da Constituição Federal: "Compete ao Supremo Tribunal Federal, precipuamente, a guarda da Constituição, cabendo-lhe: [...] julgar, mediante recurso extraordinário, as causas decididas em única ou última instância, quando a decisão recorrida: a) contrariar dispositivo desta Constituição; b) declarar a inconstitucionalidade de tratado ou lei federal; c) julgar válida lei ou ato de governo local contestado em face desta Constituição; d) julgar válida lei local contestada em face de lei federal".

O Supremo é, naquela escada imaginária, o último degrau do nosso sistema de justiça.

Essas são, ainda que de forma bastante breve, já que o tema contém inúmeros detalhes, as funções gerais dos Tribunais Superiores.

Importante agora falar um pouco sobre o que entendo por não funções desses tribunais, especialmente do STF, mas que no dia a dia da justiça brasileira acabaram por fazer com que o Supremo conscientemente ou inadvertidamente as assumisse.

As razões são variadas, seja pelo problema da hiperjudicialização em nosso país, seja pela superexposição dos ministros de nossa mais alta corte, tema já tratado anteriormente. Por um sem-número de razões, o Supremo, principalmente nos últimos anos, assumiu um protagonismo no cenário político e social brasileiro que, além de não ser sua função, causa-lhe bastante prejuízo.

Hoje em dia são comuns polêmicas das mais variadas, sejam elas políticas, sejam de cunho estritamente jurídico, sejam até pautas sociais, como o casamento entre pessoas do mesmo sexo, a possibilidade do aborto, a obrigatoriedade ou não de vacinas. Quando algum tema polêmico é colocado em pauta, é quase certo saber que ele chegará ao Supremo Tribunal Federal.

O Supremo, muito mais do que guardar a Constituição, foi alçado à categoria de árbitro geral da nação. Parece que tudo tem que passar por lá. E, a bem da verdade, muitos desses temas e discussões sequer deveriam ter se tornado efetivas discussões cujo deslinde necessariamente tivesse que passar pelo judiciário, quanto mais por sua mais alta corte.

Não estou aqui diminuindo a importância de temas essenciais como os anteriormente retratados. Critico, sim, a vasta judicialização que ocorre em nosso país.

O Supremo é o tribunal que julga o direito de uma mulher interromper a gravidez e, ao mesmo tempo, julga uma pessoa acusada de furtar alguns poucos quilos de carne. Isso faz para você algum sentido? É evidente que não.

Outra realidade que faz com que o STF tenha tamanho protagonismo em nosso cenário é a insistente postura de alguns ministros (postura essa que reputo inadequada) de comentar, fora dos autos, temas e pautas que, de alguma forma, estão em evidência no país.

Veja bem, se alguma demanda está no Supremo, ou a ele pode chegar, é inadmissível que alguém que pode vir a julgar esse tema se manifeste publicamente através da imprensa, ou através de redes sociais, por exemplo, antecipando, de alguma forma, sua posição.

Não cabe, com todo o respeito, aos ministros e ministras do Supremo serem publicamente comentaristas políticos, analistas sociais.

Cabe a essas autoridades a importantíssima e vital defesa de nossa Constituição – e fazer isso já está de bom tamanho.

O QUE VOCÊ PRECISA SABER SOBRE UM PROCESSO CRIMINAL SEM CURSAR CINCO ANOS DE FACULDADE

Nesta parte, pretendo mostrar de uma forma extremamente prática as etapas principais de um processo criminal – que inventei a título de exemplo – desde seu início até a sentença de primeira instância. É evidente que algumas possibilidades, recursos e especificidades foram deixados de lado por razões práticas e didáticas.

Outro ponto importante a ser ressaltado é que você, ao ler esse processo hipotético, pode questionar que em sua comarca não é esse o rito que o juiz criminal aplica, ou que os prazos em seu estado são completamente diferentes dos desse processo fantasia que eu criei, ou que você, advogado(a), promotor(a) ou juiz(íza), faria diferente nesse caso de mentirinha.

Ok. Tudo isso é possível. O que procurarei fazer aqui é exemplificar e explicar as etapas processuais padrão de um processo. Processo esse que, em tese, correria numa vara criminal da comarca da capital do estado de São Paulo.

Nosso crime é o de roubo, escolhido por ser bastante comum nas grandes cidades. E, por meio dele, é possível ilustrar o funcionamento de algumas etapas do processo penal. Primeiro, note que vamos falar de direito penal, não de direito *processual* penal. Segundo, caso a vítima tivesse um bem afanado sem que ela visse, como algo furtado de sua bolsa ou pego de sua mão sem coerção, o crime seria furto, e não roubo. Roubo é a subtração de um bem com violência ou grave ameaça.

Eis o cenário do nosso roubo hipotético: Ana, de 45 anos, está andando pela Avenida Paulista quando é abordada por Felipe, de 20 anos. Felipe possui uma faca, que utiliza para coagir Ana a entregar o aparelho celular.

A vítima: o que acontece se eu for roubada em uma grande cidade

Neste caso, a primeira coisa que Ana deve fazer é um Boletim de Ocorrência, o famoso B.O., que nada mais é que a comunicação à autoridade policial da ocorrência de um fato – em tese, criminoso – e, a partir dela, um Inquérito Policial é instaurado para começar uma investigação. O B.O. é realizado em uma delegacia de polícia, mas, a depender do tipo de crime e do estado em que você mora, algumas ocorrências podem ser formalizadas *on-line*, através de um B.O. eletrônico.

É importante saber que uma investigação pode ser iniciada de várias maneiras: através da requisição de um membro do Ministério Público; após a prisão em flagrante de alguém; mediante um pedido de instauração de Inquérito Policial – além do B.O., que mencionei.

Quando a Ana for fazer o seu B.O., ela vai relatar provavelmente pela primeira vez à autoridade policial o que aconteceu. Ela já dá um depoimento. E, se houver eventuais testemunhas, elas também são ouvidas. No caso de um crime de autoria conhecida, no B.O. pode constar a versão do investigado. Por exemplo, num acidente de trânsito em que ambos os motoristas envolvidos numa batida são levados à delegacia.

Voltando ao roubo do celular de Ana, após a elaboração do B.O., instaura-se o Inquérito Policial, no qual, de novo, agora diante de um escrivão de polícia e possivelmente de um delegado, Ana relatará outra vez o que aconteceu. Dentro do Inquérito, podem-se realizar atos de investigação para identificar o autor do roubo, caso ele não seja conhecido.

Em crimes mais simples, os atos de investigação são menos complexos e muito mais rápidos. No entanto, dentro de uma investigação, uma série de medidas pode ser tomada, como quebra de sigilo bancário e fiscal, interceptação telefônica, pedidos de busca e apreensão, prisões temporárias e acareações.

Quando o Inquérito termina, costumamos dizer que ele está relatado. Essa palavra é usada porque, no final, a autoridade policial responsável pela investigação apresenta um relatório, que nada mais é do que um resumo do que foi feito. Com a apresentação desse relatório, portanto, o Inquérito está relatado, ou seja, terminado.

Depois que o Inquérito de Ana é relatado, ele é encaminhado a um membro do Ministério Público, que, de posse do documento, possui três opções básicas para proceder:

1. Se ele entender que não houve a prática de um crime (pelas mais variadas razões) ou, ainda, que a autoria não foi estabelecida, pode requerer o arquivamento do Inquérito.
2. Caso entenda que há novos atos de investigação que poderiam ter sido feitos e não foram, ele pode devolver o

Inquérito Policial à delegacia, com pedido de diligências, ou seja, para que novos atos de investigação sejam realizados.
3. A terceira opção, e essa, sim, dá início ao processo penal, é o oferecimento de uma Denúncia.

A Denúncia é a peça processual que inaugura um processo criminal. O membro do Ministério Público, lendo o Inquérito Policial, e entendendo haver indícios de autoria e prova da materialidade, apresenta uma acusação formal à justiça. A Denúncia nada mais é do que um relato dos fatos, a interpretação deles de acordo com a lei dada pelo representante do Ministério Público e a acusação.

A partir do momento em que um juiz criminal recebe essa Denúncia (e esse é o termo tecnicamente correto), nós temos o início de uma instrução processual. Portanto, quem num Inquérito Policial era tratado como investigado, quando há o recebimento de uma Denúncia, passa à condição de réu.

Nesse momento, estou tratando o processo imaginário sob a ótica da Ana, que teve o celular roubado. Se, como ela, você for vítima de um roubo, saiba que há a obrigação de participar de, pelo menos, um ato do processo: a audiência, em que serão também ouvidas as testemunhas de acusação – aquelas chamadas pelo Ministério Público.

No momento em que o MP ofereceu a Denúncia, ele elencou o nome dessas pessoas, e na imensa maioria (senão na totalidade) dos casos em que há uma vítima determinada ela também será ouvida em audiência.

Além da vítima e testemunhas presenciais, também são consideradas testemunhas policiais militares ou civis que tenham participado da ocorrência (seja prendendo o assaltante, seja colhendo seu depoimento na delegacia). Só que, ao em vez de um depoimento em uma delegacia de polícia, eles prestarão esse depoimento num fórum, na frente de um juiz. É o que chamamos de depoimento em juízo.

Ao ser listada como testemunha, a Ana tem a obrigação de comparecer ao fórum, responder às perguntas feitas pelo representante do Ministério Público, às eventuais perguntas feitas pelo juiz responsável pela causa e às perguntas feitas pelo advogado ou defensor público do acusado.

Há algumas garantias importantes para a vítima neste momento, como a de não depor na frente e na presença do réu[1] e a de ter seus dados de identificação suprimidos de um processo (pelo menos de forma pública e em casos determinados por lei).[2]

Terminada a audiência, e se a Ana não for chamada novamente a depor (algo extremamente raro), ela está dispensada de qualquer outra participação ativa no processo. A partir daí, haverá outros atos processuais até que o juiz passe uma sentença condenatória ou absolutória.

É isso, portanto, que vai acontecer com Ana, a vítima do nosso roubo: elaboração de um B.O.; depoimento em uma delegacia de

---

1 Ver artigo 217, *caput*, do Código de Processo Penal: "Se o juiz verificar que a presença do réu poderá causar humilhação, temor, ou sério constrangimento à testemunha ou ao ofendido, de modo que prejudique a verdade do depoimento, fará a inquirição por videoconferência e, somente na impossibilidade dessa forma, determinará a retirada do réu, prosseguindo na inquirição, com a presença do seu defensor".

2 Como, por exemplo, é o caso do Provimento n. 32/2000 do Tribunal de Justiça do Estado de São Paulo, que em seu artigo 3º dispõe: "As vítimas ou testemunhas coagidas ou submetidas a grave ameaça, em assim desejando, não terão quaisquer de seus endereços e dados de qualificação lançados nos termos de seus depoimentos. Aqueles ficarão anotados em impresso distinto, remetido pela Autoridade Policial ao Juiz competente juntamente com os autos do Inquérito após edição do relatório. No Ofício de Justiça, será arquivada a comunicação em pasta própria, autuada com, no máximo, duzentas folhas, numeradas, sob responsabilidade do Escrivão".

polícia; audiência num fórum criminal para relatar ao juiz, advogado e promotor o que aconteceu.

Agora, vamos ver o que aconteceria a Felipe, o acusado.

O acusado: o que acontece se eu roubar alguém

Vamos agora inverter as posições e explicar o curso de um processo criminal sob a perspectiva do Felipe, mas para isso alterarei um pouco nossa história.

Ana, ao ser roubada, gritou "pega ladrão" e Felipe, perseguido por policiais militares, foi preso em flagrante.

O primeiro passo é o encaminhamento do Felipe, da Ana e de eventuais testemunhas (inclusive os policiais civis que correram atrás dele) a uma delegacia para a realização do Boletim de Ocorrência. Também será feita a formalização da prisão em algo que chamamos de Auto de Prisão em Flagrante.

A partir do momento em que o Felipe colocar os pés em uma delegacia de polícia, ou até antes – mas vamos marcar esse momento para ficar mais didático –, tem ele o direito de ser acompanhado por um advogado. Ou seja, se, como ele, você for levado(a) a uma delegacia por ter supostamente cometido um crime, você tem direito a um advogado, e esse advogado está ali para acompanhar o primeiro momento em que você começará a enfrentar a justiça criminal.

Na delegacia, durante a elaboração do B.O., o Felipe será ouvido por um delegado de polícia e apresentará sua versão, qualquer que seja ela. Poderá ainda justificar sua conduta ou ficar em silêncio absoluto. E esse silêncio, em hipótese alguma, poderá ser usado contra ele.

Como esse nosso processo imaginário corre em São Paulo, o Felipe não ficará muitas horas na delegacia, já que elas não possuem mais carceragem.³ Por isso, depois de realizado o B.O., ele será levado a um dos Centros de Detenção Provisória (CDP) espalhados pela cidade. Antes disso, passará por um obrigatório exame de corpo de delito, feito pelo Instituto Médico Legal (IML). Ele é um procedimento obrigatório, cujo objetivo é atestar a saúde da pessoa a ser levada ao cárcere.

Há exceções e diferentes burocracias e dinâmicas a depender do ocorrido. Mas o mais provável é que, antes mesmo de ser levado ao CDP, Felipe passe pela chamada audiência de custódia.

Essa audiência serve para duas coisas bastante distintas, mas não menos importantes. A primeira é averiguar a existência de maus-tratos ou tortura durante a abordagem policial. Para isso, é essencial que o juiz veja o preso ao vivo, e não através de uma câmera de vídeo, e possa atestar, perguntar e ouvir dele se houve algum tipo de violência. A segunda é verificar as condições pessoais do preso, como seus antecedentes, para que, em até 24 horas depois da prisão, o juiz possa decidir se o detido deve ou não responder a esse processo imaginário preso. Portanto, o passo seguinte a um depoimento na delegacia de polícia é um novo depoimento, o da audiência de custódia.

Vamos imaginar, então, que o juiz que ouviu o Felipe optou por transformar a prisão em flagrante em uma prisão preventiva, entendendo que, de acordo com a lei, haveria a necessidade de ele responder a esse processo preso. Nesse caso, Felipe será encaminhado a uma penitenciária ou a um dos CDPs da cidade de São Paulo.

---

3 A carceragem era muito comum no passado, mas, em razão dos problemas gerados, como rebeliões causadas por um índice altíssimo de superlotação, elas foram retiradas das delegacias de polícia.

Até aqui, Felipe – primeiro preso em flagrante e depois preventivamente – era investigado, no máximo indiciado, dentro de um Inquérito Policial. Esse caderno de investigação será remetido ao Ministério Público, que, no nosso processo hipotético, oferecerá uma Denúncia contra Felipe.

A partir do momento em que essa Denúncia é recebida (e nesse momento há uma análise de requisitos legais dessa peça processual pelo juiz), Felipe se torna réu, com todos os direitos e garantias inerentes a essa condição.

O primeiro ato processual de uma instrução criminal é o oferecimento daquilo que chamamos de Resposta à Acusação. Através de um advogado constituído, ou de um defensor público, você poderá contestar os fatos e a capitulação jurídica dessa Denúncia, bem como arguir quaisquer preliminares que entender necessárias, como incompetência do juiz do caso, incompetência da vara ou comarca que o está julgando, e uma série de outras possibilidades, incluindo aqui nulidades da investigação, que deverão ser apontadas já nesse primeiro momento processual.

É na Resposta à Acusação que o acusado deverá, também, listar suas testemunhas de defesa. Isso é muito importante. Salvo raríssimas exceções, não será possível que Felipe, ao longo de um processo, chame as testemunhas que bem entender. Em jargão jurídico, dizemos que elas já devem estar arroladas na sua primeira manifestação processual.

Ao receber essa peça, o juiz poderá – se convencendo dos argumentos da sua defesa – absolver sumariamente. Na imensa maioria das vezes, o juiz recebe definitivamente a Denúncia oferecida contra o acusado. Nesse momento, sob pena de anular a decisão, o juiz deve contestar, ainda que de maneira sucinta, as preliminares processuais, ou quaisquer outras que o acusado tenha alegado, bem como responder aos pontos que sua defesa apresentou.

Quando o juiz desse despacho receber a Denúncia e iniciar o processo, ele deve designar os próximos atos processuais, principalmente as audiências. Para a maioria dos casos, a lei estipula e prevê uma audiência que chamamos de una. Uma audiência em que testemunhas da acusação, arroladas na Denúncia pelo Ministério Público, testemunhas de defesa, arroladas na Resposta à Acusação, e o interrogatório do réu acontecem num mesmo ato.

Mas, na prática e no dia a dia forense, não é bem assim. Raros são os casos em que todos esses depoimentos acontecem em um ato só. No caso de Felipe, muito provavelmente haverá duas ou três audiências. Uma primeira para ouvir testemunhas de acusação, uma segunda para ouvir testemunhas de defesa e uma última para o interrogatório do réu.

Mais uma vez, observo, a depender do tamanho do processo, da quantidade de trabalho e da pauta de um juiz, há a possibilidade de testemunhas de defesa e acusação serem ouvidas na mesma data e o interrogatório do réu ficar para uma data posterior, ou o interrogatório se dar com a audição de testemunhas de defesa. Tudo é possível. Estou relatando aqui o que é mais provável acontecer, mas há exceções.

Para os fins deste pequeno guia, é importante que você, leitor ou leitora, tenha noção de alguns dos direitos durante essas etapas processuais. Porque, afinal, Felipe poderia ser você.

O primeiro deles é o de sempre estar presente nesses atos. É direito do réu acompanhar as audiências de testemunhas de defesa e acusação, assim como é direito do réu ter sempre a seu lado (e poder se comunicar com) o seu advogado.

Também é direito do réu, através de sua defesa, fazer perguntas, arguir o que achar necessário durante essas audiências e, inclusive, levantar questões processuais ao juiz e à acusação.

Também é direito do réu, no momento de ser interrogado, expor livremente o que bem entender. Algumas vezes me deparei com juízes e juízas que, de alguma forma, cerceavam o discurso do réu pedindo a ele que se atentasse apenas a fatos ligados ao processo. Criticavam e cassavam a palavra de réus que, por exemplo, iniciavam seu interrogatório explicando razões eventuais, como questões pessoais de sua vida, que pudessem justificar a prática do crime ou a diminuição de sua pena. Qualquer que seja o reflexo desse discurso, o fato é que, por ser um ato de autodefesa, o interrogatório do réu deve ser integral, livre e desimpedido. Nesse momento, e somente nele, o acusado de um crime tem o direito de ele mesmo falar para aquele que está prestes a julgá-lo. É o único momento do processo em que o réu fala diretamente ao juiz. É inadmissível qualquer censura, limitação temporal ou temática desse ato tão solene e tão importante na vida de quem está sendo acusado de um crime.

Finalizadas essas audiências, dizemos que a instrução processual terminou. Já estamos agora na fase final.

Mais dois atos serão feitos. Um é a apresentação pela acusação e pela defesa de um último pedido de diligências. Isso pode ser a produção de alguma prova importante para o convencimento do juiz, eventualmente o refazimento de uma audiência, ou a tentativa de se ouvir uma testemunha cujo nome surgiu ao longo de outras audiências. Enfim, é nesse momento que as partes podem fazer os últimos requerimentos antes de o juiz efetivamente analisar a procedência, ou não, dessa ação.

Essa análise será feita logo após as partes oferecerem aquilo que chamamos de Memoriais. É nessa peça processual, geralmente a mais extensa de um processo, que a defesa e a acusação colocarão todos os argumentos para convencer o juiz do acerto daquilo que estão sustentando.

É essa peça que encerra a participação do Ministério Público e da defesa dentro de um processo. É ela que deverá ser analisada, obviamente em conjunto com todas as provas que foram produzidas durante o processo, para que o juiz chegue a uma decisão final.

Apresentados, então, esses Memoriais, este processo hipotético entrará na fase daquilo que chamamos de "conclusos para sentença". O tempo que um juiz leva para sentenciar um processo varia enormemente e, durante esse período, há pouco ou nada a se fazer, a não ser esperar.

A partir do momento em que é definida a sentença (seja ela absolutória ou condenatória), começa uma complexa nova etapa processual, que não faz parte desse processo hipotético, muito menos dentro da primeira instância: as fases dos recursos.

Um último ponto merece ser destacado. A partir do momento em que há uma sentença condenatória, por exemplo, com uma pena a ser cumprida, Felipe, que respondeu a esse processo preso, passa a um novo momento: a execução da pena. Durante o processo, não havia uma pena a cumprir: tratava-se de uma prisão preventiva. Agora, há uma pena, mas é importante mencionar que o tempo que Felipe permaneceu preso preventivamente contará no cálculo da pena a cumprir. Ou seja, se ele ficou preso, por exemplo, por seis meses preventivamente e foi condenado a cinco anos de prisão, sua pena restante a ser cumprida será de quatro anos e seis meses.

Pronto! Você já sabe o passo a passo de um processo penal simples e muito comum. Se, no futuro, você se vir no lugar de Ana ou Felipe, já saberá quais são seus direitos e suas obrigações, o que pode fazer toda a diferença para que você receba um tratamento justo.

DESMISTIFICANDO FOLCLORES

O Brasil é o país da impunidade

Como o país que possui a terceira maior população carcerária do mundo pode ser considerado impune? Pois é: apenas com base nesse dado – mas não só – conseguimos iniciar a desmistificação deste primeiro folclore tão enraizado em nossa sociedade.

A sensação de impunidade, me parece, está muito mais atrelada a duas coisas. A primeira são os índices de criminalidade ou, pelo menos, a sensação do avanço da criminalidade nas grandes capitais. Apesar de determinados crimes terem uma pequena e quase inexplicável redução ao longo dos anos, a imensa maioria só aumenta. Mais do que isso, a violência cotidiana, aquela que acontece na porta de casa, típica das grandes metrópoles, só aumentou. Portanto, é natural que a primeira resposta que venha à cabeça seja que a criminalidade aumenta porque a lei e a justiça são brandas demais; logo, reinamos numa tal "impunidade".

A segunda – e entendo como sendo a mais grave, de solução mais difícil – é a preocupante e evidente demora do nosso sistema judiciário. Somos um país que litiga demais. Sabemos que o brasileiro adora um "processinho". Processamos o vizinho porque seu cachorro não para de latir. Processamos um familiar por uma desavença trivial. Processamos uma pessoa que bateu no nosso carro. Em resumo, acionamos a justiça para dirimir conflitos muitas vezes simples.

Por outro lado, há uma ausência de alternativas à solução de conflitos que não envolva membros do sistema judiciário. Não investimos em justiça consensual, em justiça restaurativa, em arbitragem e outros métodos alternativos de solucionar uma disputa. O resultado é conhecido: milhões de processos em trâmite, dos mais variados temas, são apresentados à justiça todos os dias. E um processo bobo – sim, é essa a palavra –, um processo inútil, um processo que poderia ter sido resolvido em cinco minutos de outra forma atrasa ainda mais a justiça.

Vamos imaginar uma briga de vizinhos que se xingam e se importunam. Essa picuinha, ao chegar à justiça, é um processo a mais sobre o qual um juiz, um promotor, eventualmente, um desembargador, até um ministro, vai ter que se debruçar em algum momento. Para você ter uma ideia, chegam ao Supremo processos sobre o furto de dois xampus, uma margarina e uma nota de 50 reais. Nós não poderíamos ter resolvido isso lá atrás, entre as partes envolvidas? Claro que sim.

De outro lado, as soluções para resolver o problema da lentidão sempre passam pela estratégia mais equivocada e mais perigosa: cercear direitos e garantias. É comum ouvirmos que, para tornar a justiça mais rápida, basta limitar o número de "recursos protelatórios" que os advogados "endinheirados" apresentam para "atrasar" o processo. Como se isso fosse resolver alguma coisa.

Já adianto a você: não vai. É muito mais inteligente, eficaz e justo evitar que um processo chegue à justiça do que limitar os recursos daqueles que lá tramitam. Eu poderia passar aqui páginas refletindo sobre a lentidão e o que fazer para resolver, mas, por ora, basta notarmos que a lentidão da justiça traz uma inevitável sensação de impunidade. Um crime que ocorre hoje e só é punido daqui a dez anos, por mais alta que seja a pena, por mais tempo que o autor do crime permaneça preso, gera uma sensação para a vítima – e indiretamente para toda a sociedade – de que ficou impune.

Mas, quando observo a superpopulação carcerária, afirmo que o Brasil não é o país da impunidade. O Brasil é um país onde se prende muito e, sobretudo, prende-se muito mal. A sociedade brasileira é estruturalmente racista e punitivista. Aqui, acredita-se que a prisão sempre deve ser rápida, quase imediata, se possível até sem processo. Ela tem que acontecer minutos depois da prática de um crime. Mesmo sem julgamento, sem o cuidado de se verificar se aquela pessoa é culpada ou inocente. Por quê? Porque, no Brasil, prisão é sinônimo de *vingança*, e não sinônimo de *ressocialização*.

Temos que ter em mente o seguinte: a lei penal brasileira não prevê o cumprimento de pena superior a quarenta anos. Na prática, isso significa que o pior criminoso do nosso país, se condenado a centenas de anos de cadeia, em quarenta anos estará nas ruas. A pergunta que você tem que se fazer é esta: você quer que esse criminoso saia do presídio melhor ou pior?

Vamos voltar para o exemplo do capítulo anterior. Felipe, um jovem de 20 anos, roubou o celular de Ana, de 45 anos, com o uso de uma faca, em plena Avenida Paulista. Pense em Felipe e refaça a pergunta: você quer que ele volte para a mesma esquina e assalte de novo? Ou até coisa pior?

Se você quer que ele melhore e não cometa mais crimes, então repense as finalidades de uma prisão. Se a finalidade for devolver à sociedade alguém melhor, o Brasil está fazendo tudo errado. Todos os dias, devolvemos homens e mulheres mais comprometidos com a criminalidade. Na maior parte, o jovem pobre, negro e primário – o que é mais punido pelo nosso sistema penitenciário – torna-se presa fácil de facções criminosas. É clichê, eu sei, mas é verdade. Colocamos um jovem primário na cadeia, muitas vezes preso e condenado por um crime cometido sem a prática de violência, e recebemos um homem mais velho e mais perigoso.

Depois de fazer essa reflexão, vamos conhecer detalhadamente o perfil do preso no Brasil. Você provavelmente não sabe que temos um número assustadoramente alto de presos provisórios, aqueles sem condenação definitiva. Em alguns estados, esse número ultrapassa 40%.[1] Em outros, entre as mulheres, o número chega a revoltantes 50%.[2] Ou seja, a metade das mulheres presas de alguns estados está presa sem condenação definitiva; logo, são inocentes até que se prove o contrário.

Este espírito punitivista da sociedade brasileira também está enraizado em setores da imprensa e, principalmente, em setores do Poder Judiciário – mais especificamente entre juízes de primeira instância e tribunais de justiça –, o que produz essa realidade desastrosa.

Tratamos a prisão preventiva como regra, quando a lei processual penal, em vários artigos, a trata como exceção. O resultado é um número excessivo, ilegal, de presos em nossas cadeias. E uma cadeia superlotada, cheia, sem condições mínimas sanitárias, humanitárias, sociais e hospitalares não ressocializa ninguém.

---

1 De acordo com os dados disponibilizados pelo Levantamento Nacional do Infopen, em dezembro de 2019, os estados que ultrapassam a margem de 40% dos presos provisórios são: Bahia (48%), Ceará (46%), Mato Grosso (45%), Piauí (44%) e Sergipe (45%).

2 Segundo o Levantamento Nacional de Informações Penitenciárias – Infopen Mulheres, publicado em 2017, estados que ultrapassam a metade das presas sem condenação definitiva são: Amazonas (81%), Bahia (71%), Ceará (67%), Minas Gerais (54%), Pará (62%), Pernambuco (56%), Piauí (62%) e Sergipe (79%).

Criamos em nosso país um verdadeiro círculo vicioso. Primeiro, prendemos desnecessariamente, antes do tempo, pessoas que não precisavam responder a processos presas. Depois, nós as largamos em verdadeiras masmorras (o que o STF já entendeu como inconstitucional),[3] não passamos nem perto de ressocializá-las e as devolvemos poucos anos depois ainda mais envolvidas com a criminalidade.

Ou seja, é também uma bola de neve: não diminuímos a criminalidade, não nos sentimos mais seguros, não resolvemos nenhum problema.

A polícia prende e o juiz solta (com ajuda da tal audiência de custódia)

Se a polícia prendesse e o juiz soltasse, nós não seríamos a terceira maior população carcerária do mundo. E teríamos, por consequência, uma polícia extremamente eficiente.

Nenhuma das duas afirmações é verdadeira. A polícia brasileira, principalmente a civil, está sucateada, mal aparelhada, mal assalariada, mal apoiada, e desmotivada. Além disso, temos graves problemas de falta de investimento na polícia científica, o que faz com que um número muito grande de crimes (principalmente os que deixam vestígios) não tenha sua autoria revelada em razão de falhas na investigação.

---

[3] Conforme decidido em sede de Medida Cautelar na Arguição de Descumprimento de Preceito Fundamental (ADPF) n. 347 no Supremo Tribunal Federal, julgada em 09/09/2015. *Link* para acesso ao acórdão: http://redir.stf.jus.br/paginadorpub/paginador.jsp?docTP=TP&docID=10300665. Acesso em: 14 jun. 2021.

Na realidade, a polícia (especificamente a civil) prende pouco, porque desvenda e investiga pouco e, por outro lado, como as estatísticas mostram, o juiz não solta tanto quanto deveria.

O Poder Judiciário brasileiro é majoritariamente punitivista. Aplica as regras de processo penal de forma divorciada da jurisprudência dos tribunais superiores, quando não cria suas próprias regras. O maior exemplo é a Operação Lava Jato, que ficou muito conhecida por praticamente aplicar uma lei própria. Nós, advogados que atuamos nela, costumávamos dizer que foi aplicada a "Constituição de Curitiba", o "Código de Processo Penal do Paraná", e por aí vai.

Prisões ilegais, em especial as provisórias, são revogadas aos montes pelos Tribunais Superiores quando os presos têm condição de arcar com uma defesa particular ou conseguem com que Defensorias Públicas (também sucateadas e sem investimentos) recorram ao STJ e ao STF. No entanto, a imensa maioria dos acusados brasileiros é presa e continua presa.

A situação só não é pior em razão daquilo que considero o maior avanço recente do sistema de justiça criminal: a audiência de custódia.

Antes de tudo, é importante mencionar que a audiência de custódia existe hoje graças a pessoas e entidades que faço questão de nominar. A primeira delas é Ricardo Lewandowski, o ministro do STF, que, na época em que era presidente do Supremo e consequentemente presidente do Conselho Nacional de Justiça (CNJ), com auxílio inestimável do juiz Luís Geraldo Lanfredi, implementou um plano de audiências de custódia, ainda que no início como um piloto, em vários estados de nosso país.

Eu, pessoalmente, trabalhei diretamente nesse projeto, à época, como presidente do Instituto de Defesa do Direito de Defesa

(IDDD), entidade que ficou responsável, através de um acordo firmado entre o CNJ e o Ministério da Justiça, por monitorar e acompanhar a implementação do projeto dessas audiências. Viajei por vários estados do Brasil para explicar, mostrar os benefícios e levar as audiências para o país inteiro. Para aqueles, portanto, que insistem em afirmar que a audiência de custódia serve para soltar presos, adianto que é preciso refletir com urgência.

O Brasil era uma das únicas democracias do mundo que não tinha, por obrigação, que apresentar um preso em determinado período de tempo a um juízo competente. A maioria dos países fixa o prazo de 24 horas, com algumas exceções de 48 ou até 72 horas em outros lugares.

E por que o prazo é tão importante? Porque audiência de custódia, ao contrário do que muitos afirmam, não serve apenas para verificar a necessidade ou não de uma prisão. A audiência de custódia tem uma importantíssima função de prevenir, verificar e punir a ocorrência de maus-tratos ou tortura durante a abordagem policial.

Inclusive, o prazo de 24 horas é científico: um tapa, um soco, um choque elétrico ou a marca de um espancamento some com o tempo. A vontade de denunciar e o receio de acusar uma autoridade policial de tortura também, dessa vez por conta do medo. Assim, o prazo de 24 horas serve para que o juiz veja, pessoalmente – e aí a importância de a audiência de custódia ser presencial –, na pele do preso, em seu rosto, em seu corpo, que ele pode ter sofrido maus-tratos ou até tortura.

Identificar, investigar e punir algo tão grave que, infelizmente, ainda ocorre em nosso país – a prática de maus-tratos e tortura durante abordagens policiais – é uma das mais importantes funções da audiência de custódia.

Com relação à colocação de um preso em liberdade, é importante também que informações equivocadas sejam desfeitas. A audiência de custódia não absolve ninguém (não determina se alguém cometeu ou não um crime) e não analisa provas com profundidade. A audiência de custódia, do ponto de vista processual, serve somente, e tão somente, para verificar a necessidade de um preso permanecer ou não encarcerado durante um processo.

Vou exemplificar: uma pessoa é presa em flagrante. Em 24 horas, ela é levada a um juiz. Ao questioná-la, esse juiz verifica suas condições, olha para essa pessoa, conversa com essa pessoa, verifica critérios legais e critérios subjetivos. Então, ele pode decidir se a prisão em flagrante deve ou não ser convertida em uma prisão preventiva. Antes da existência da audiência de custódia, era comum que um preso visse um juiz pela primeira vez *meses* depois de ter sido preso. Muitas vezes, nesse momento, o preso era colocado em liberdade. Por que não antecipar sua soltura, se for o caso? A audiência de custódia serve também para isso.

Se há, como disse, índices assustadoramente altos de presos provisórios em nosso país, imagine sem a audiência de custódia? Nosso sistema penitenciário seria o caos. Não que ele esteja perto de ser bom, mas com a audiência de custódia ele é menos ruim.

Ah, mas basta cumprir um sexto da pena e fica em liberdade

Esse mito chega até a ser engraçado. No imaginário popular, ao cumprir um sexto da pena, um preso automaticamente irá para o regime semiaberto. Quase como naquele antigo programa da televisão, o Porta da Esperança: no exato dia em que um sexto de sua pena for cumprida, por um milagre, um preso verá a porta de sua cela e a porta do presídio se abrindo automaticamente, dando então a ele as maravilhas do regime semiaberto.

Também no imaginário popular, o regime semiaberto é aquele em que o preso passa o dia inteiro trabalhando na rua – afinal, o desemprego não é um problema no Brasil – e volta para o presídio apenas para dormir.

O sistema carcerário seria, na cabeça das pessoas, um hotel. Se estivéssemos viajando pela Europa, seria um *bed and breakfast*, um local confortável, com uma boa cama, onde a pessoa dorme, acorda, toma o café da manhã e segue feliz para o trabalho.

É evidente que não é nem um pouco assim. Vamos explicar o que acontece de verdade.

Primeiro, é preciso esclarecer que a lei mudou. O requisito temporal de um sexto para crimes comuns e dois terços para crimes hediondos foi completamente alterado pelo chamado Pacote Anticrime. Em linhas bem gerais, para todos os crimes cometidos após dezembro de 2019, não há mais a progressão de um sexto.

Agora, isso ocorre da seguinte forma:[4] para pleitear a progressão de regime é necessário o cumprimento de 16% da pena, se o apenado for primário e o crime tiver sido cometido sem violência à pessoa ou grave ameaça; 20% da pena, se o apenado for reincidente em crime cometido sem violência à pessoa ou grave ameaça; 25% da pena, se o apenado for primário e o crime tiver sido cometido com violência à pessoa ou grave ameaça; 30% da pena, se o apenado for reincidente em crime cometido com violência à pessoa ou grave ameaça; 40% da pena, se o apenado

---

4 Ver artigo 112, Lei de Execuções Penais: "A pena privativa de liberdade será executada em forma progressiva com a transferência para regime menos rigoroso, a ser determinada pelo juiz, quando o preso tiver cumprido ao menos: [...]".

for condenado pela prática de crime hediondo ou equiparado, se for primário.

E a progressão se torna cada vez mais restrita:

> 50% (cinquenta por cento) da pena, se o apenado for:
> a) condenado pela prática de crime hediondo ou equiparado, com resultado morte, se for primário, vedado o livramento condicional;
> b) condenado por exercer o comando, individual ou coletivo, de organização criminosa estruturada para a prática de crime hediondo ou equiparado; ou
> c) condenado pela prática do crime de constituição de milícia privada;
> VII – 60% (sessenta por cento) da pena, se o apenado for reincidente na prática de crime hediondo ou equiparado;

Chega-se a 70% da pena, "se o apenado for reincidente em crime hediondo ou equiparado com resultado morte, vedado o livramento condicional".[5]

Não é tão simples quanto "um sexto e está solto", certo?

Além disso, o tempo de cumprimento de pena é apenas um dos requisitos para se pleitear a progressão do regime de seu cumprimento. Também deve ser considerada uma série de outros fatores, como um atestado de boa conduta carcerária.

Aqui vale a menção de que se, por exemplo, for encontrado com o preso um celular, se ele se desentender com um colega de cela ao longo de todos os anos que passou no presídio, ou se ele desrespeitar de alguma forma os agentes penitenciários e receber uma "falta grave", já não poderá pleitear esse benefício, uma vez

---

5 Ver artigo 112, inciso VIII, Lei de Execuções Penais.

que a falta interrompe a contagem do prazo, que deve recomeçar do zero, com base na pena remanescente.[6] Por isso, volto a dizer, o antigo um sexto, ou qualquer outro lapso temporal de cumprimento de pena, é apenas um dos critérios para se pedir a progressão de regime.

Agora, vamos ao dia a dia de um fórum criminal.

São centenas de pedidos de progressão de regime apresentados diariamente no Fórum de São Paulo, por exemplo. Se contarmos o Brasil todo, seriam milhares de pedidos diários.

Esses pedidos só são analisados após a manifestação do Ministério Público e após a juntada de documentos – documentos esses que, diante da quantidade e da demanda dos pedidos, costumam demorar para serem elaborados. Só após todos esses elementos estarem prontos é que o pedido segue para a mesa de um juiz, que, assoberbado de trabalho, pode demorar certo tempo para decidir sobre a progressão. Em resumo, entre a data que de fato houve o cumprimento dos antigos um sexto da pena e a data em que é oficializada uma decisão do juiz competente, podem se passar meses.

Não é raro se deparar com casos em que, entre o momento do pedido à progressão do regime semiaberto e a saída da decisão, já tenha passado tempo o suficiente para que o preso possa ir para o regime aberto.

Dentro dessa conta, que desmistifica por completo esse folclore risível, precisamos colocar também os incontáveis pedidos de progressão, que são simplesmente negados pela justiça – algumas vezes, de forma irregular: por faltas graves inexistentes ou passado o tempo permitido para que elas possam negar o benefício;

---

[6] Ver artigo 112, §6º da Lei de Execuções Penais (Lei n. 7210/84): "O cometimento de falta grave durante a execução da pena privativa de liberdade interrompe o prazo para a obtenção da progressão no regime de cumprimento da pena, caso em que o reinício da contagem do requisito objetivo terá como base a pena remanescente".

contagem de prazo equivocada; junção de penas extintas de outros processos eventuais; outros inúmeros erros possíveis.

Nessa hipótese, portanto, é necessária a apresentação de um recurso e, se formos esperar o seu julgamento, a análise e efetiva colocação de um preso em um regime mais brando pode levar anos.

Logo, evite repetir esse mantra de que "basta cumprir um sexto da pena para ir para o regime semiaberto", porque ele chega a ser uma piada – e de muito mau gosto.

O aumento de penas reduz a criminalidade

Sendo bem objetivo: não. Aumentar a pena de um crime não faz com que a incidência do crime diminua.

Primeiro, há uma explicação, digamos, psicológica. As alterações na lei que aumentam as penas de um crime geralmente são tomadas após um grande apelo popular. Em momentos de comoção causados por crimes graves que impactam a população em geral, parlamentares – muito mais interessados em votos do que em reduzir a criminalidade – propõem um aumento de pena para aquele crime da vez. São diversos os exemplos na história recente do nosso país em que isso aconteceu.

Vamos pegar uma lei cujo impacto prático foi gigantesco, aprovada após um desses crimes notórios. A Lei dos Crimes Hediondos teve seu apoio e, mais ainda, uma grande campanha feita pela mãe da vítima de um gravíssimo crime, que envolveu personalidades públicas, atores e atrizes de novela, tendo estampado capas de jornal durante meses. Após o trágico crime, a população pediu pelo endurecimento da lei. Hoje, passados mais de vinte anos da edição da Lei dos Crimes Hediondos, podemos afirmar de maneira categórica que ela serviu para muito pouco.[7] E essa é a primeira característica desse tipo de legislação penal, chamada de legislação penal do pânico: ela vem na sequência de um momento de comoção popular.

A segunda característica desse tipo de legislação é que, por seu caráter populista, ela sempre terá na sua essência um interesse pessoal, muitas vezes eleitoral. Volto a dizer: quem sobe num palanque para afirmar aos quatro ventos que aumentará a pena de todos os crimes, e que criminosos permanecerão décadas na cadeia em sua gestão, está muito mais interessado nos votos do que em efetivamente resolver o problema da alta criminalidade. E a não resolução desse problema passa pela premissa básica, como já disse, de que aumentar a pena de um crime não resolve o problema.

E falo aqui algo extremamente básico, quase anedótico. Imagine o seguinte: alguém está prestes a cometer um roubo ou matar

---

[7] Ver Instituto Latino-Americano das Nações Unidas para Prevenção do Delito e Tratamento do Delinquente das Nações Unidas, "Relatório final de pesquisa: A Lei dos Crimes Hediondos como instrumento de política criminal", de julho/2005: "Ainda assim, também não se verifica queda nos índices de tráfico após a edição da Lei de Crimes Hediondos. Ao contrário, os índices aumentam tanto em São Paulo quanto no Rio de Janeiro." (p. 48); "Os demais crimes hediondos trabalhados nesta pesquisa, latrocínio, estupro e atentado violento ao pudor, são fortemente marcados pela passionalidade, o que nos autoriza a afirmar que sua prevenção não passa pela intimidação."; e "A análise dos gráficos construídos a partir de estatísticas criminais demonstra que não se verifica, na maioria dos crimes, redução nos índices após a edição da Lei, o que por si já indica sua inocuidade" (p. 107). Disponível em: https://ediscipinas.usp.br/pluginfile.php/1836130/mod_resource/content/1/RelILANUD.pdf. Acesso em: 14 jun. 2021.
Ver informe "O sistema prisional brasileiro fora da Constituição – 5 anos depois: balanço e projeções a partir do julgamento da ADPF 347", do Conselho Nacional de Justiça, de junho de 2021 (p. 56): "O endurecimento da progressão de regime, no caso da Lei de Crimes Hediondos, não só foi inócuo do ponto de vista da prevenção de crimes, como também foi prejudicial para o sistema prisional, tendo contribuído para o agravamento do quadro de déficit de vagas e superlotação no país. "Análise sobre impacto de mudanças nas regras de progressão de regime – Estudo técnico do Depen". Disponível em: https://www.cnj.jus.br/wp-content/uploads/2021/06/Relato%CC%81rio_ECI_1406.pdf. Acesso em: 17 jun. 2021.

uma pessoa. Você acha que, nesse momento, esse criminoso vai parar e pensar: *Não vou cometer esse crime, já que, no mês passado, a pena máxima dele passou de oito para doze anos.* Você consegue imaginar isso acontecendo na vida real? Claro que não.

Ninguém deixa de roubar porque a pena de um crime de roubo aumentou, assim como ninguém deixa de tirar a vida de alguém porque o prazo para progressão de regime foi alterado. As razões por trás da prática de um crime vão muito além de um mero cálculo matemático.

Os ricos têm um tratamento diferenciado na justiça

Sim, as pessoas ricas têm um tratamento diferenciado na justiça e por uma razão muito simples, mas não menos grave: elas acessam integralmente à justiça e, ao fazerem isso, têm uma chance muito maior de obter um resultado favorável.

Um dos grandes problemas da justiça brasileira é a falta de democratização de seu acesso. Quem tem condições financeiras para arcar com um advogado particular e especializado, por exemplo, terá uma defesa mais ampla e completa do que aqueles que não têm.

Para esses, as opções são limitadas. Eventualmente conseguem contratar advogados privados, e essa contratação se dá quase que utilizando todas as suas economias. Além disso, o profissional contratado pode não prestar um serviço de qualidade. Outra opção é recorrer aos convênios firmados entre determinados estados e a Ordem dos Advogados do Brasil (OAB). Nessa situação, a pessoa terá que contar também com a sorte. Há excelentes profissionais conveniados, mas há outros que sequer possuem especialização ou experiência na área em que atuam.

Por último, para aquele que não tem condições de pagar por sua defesa, restam as Defensorias Públicas. Como vimos, as defensorias têm uma importância enorme em nosso sistema judiciário. São um órgão essencial e sem elas não há justiça. Em sua maioria, a Defensoria Pública é composta de pessoas vocacionadas, especialistas e excelentes. Mas, é claro, há maus defensores.

Mais ainda, a defensoria enfrenta o mesmo problema que outras categorias do funcionalismo público: falta de investimento e de pessoal. Isso faz com que, muitas vezes, o trabalho oferecido pela defensoria não seja um trabalho tão integral quanto o da advocacia privada. Friso: não é por uma falha, mas muitas vezes pelo fato de que os defensores se veem impossibilitados de dar o seu melhor.

Portanto, o resultado prático da diferença entre ricos e pobres é que os ricos, ao acessarem integralmente e com todas as possibilidades a justiça, podem sair mais vitoriosos. Imagine a diferença na qualidade de defesa entre alguém que pode contratar não apenas um especialista na área, mas também um parecerista, um grande acadêmico, peritos particulares – tudo o que o dinheiro oferece?

Os advogados e seus recursos protelatórios

Como já foi dito aqui, um dos maiores problemas da justiça brasileira é a lentidão. E, quando aparecem soluções para ela, quase sempre são propostas que incluem a diminuição no número de recursos existentes.

Como discutimos brevemente antes, há quem afirme que processos demoram muito para ter o trânsito em julgado (ou seja, não haver mais recursos possíveis) e que os condenados demoram a começar a cumprir sua pena, porque seus advogados insistem na apresentação de recursos desnecessários para atrasar o processo ainda mais. Essa "modalidade" de defesa até ganhou um nome carinhoso: recursos protelatórios, ou seja, aqueles apresentados somente para atrasar o andamento de um processo.

Aqui, não temos somente um folclore, mas vários que precisam ser desmistificados.

Vamos começar pelo básico. A justiça, como você já sabe, funciona com a figura de um juiz, de um representante do Ministério Público e de um advogado. Num processo criminal, como vimos, temos esses três atores.

O Ministério Público e a defesa têm prazos previstos em lei para apresentar seus recursos. O único ator do sistema de justiça que não tem prazo nenhum é o juiz. Por exemplo, defesa e acusação possuem cinco dias para apresentar a interposição de um recurso de apelação. Se uma dessas partes perde o prazo, ela também perde a chance de entrar com um recurso – o mesmo acontece com vários outros recursos previstos no Código de Processo Penal.

A partir do momento em que as partes apresentam o recurso à justiça, o julgamento dele será realizado em prazo indeterminado. Isso porque o prazo depende de vários fatores: da forma como o juiz, desembargador ou ministro trabalha; da rapidez da análise; da rapidez das decisões; do número de processos em seu gabinete; da sua organização pessoal; dos seus assessores, e por aí vai. Mas todos esses critérios e especificidades são exclusivamente seus. A defesa e a acusação só podem esperar.

Há julgamentos criminais paradigmáticos que são erroneamente apontados como aqueles em que a defesa fez de tudo para atrasar o processo ao máximo. Se analisarmos esses casos com uma lupa atenta e focada nos recursos apresentados, podemos facilmente perceber que a culpa da demora se dá no atraso nos julgamentos. Os advogados e o Ministério Público sempre cumpriram os seus prazos, apresentando os recursos dentro do limite que a lei determina. Quem demora é a justiça. Há casos em que processos ficaram parados por anos nos gabinetes de desembargadores ou de ministros.

Por isso, quando falamos de lentidão da justiça, temos que falar muito mais em aparelhar a justiça para julgar mais rápido do que cercear e limitar o número de recursos.

O segundo ponto importante (e esse folclore chega até a ser engraçado para quem milita na advocacia criminal) é a percepção equivocada de que, quanto mais o processo demora a acabar, mais honorários o advogado ganha. Sinto informar aos que pretendem ingressar na área criminal que não é assim que funciona.

Para começo de conversa, a advocacia criminal raramente cobra por horas trabalhadas. Advogados civilistas, empresariais ou de qualquer outra área costumam fazer esse tipo de cobrança com maior frequência. Nesses casos, é claro que, quanto mais você trabalhar, mais ganha. Mas não é o que acontece com os criminalistas.

Na advocacia criminal, há algumas formas de cobrar honorários: pode-se cobrar o caso todo (até o trânsito em julgado); ou apenas a primeira instância e depois por recurso a ser apresentado, por exemplo, o que é raríssimo (na minha prática, inexistente).

Em outras palavras, se eu faço uma cobrança para advogar para o caso todo, quanto antes eu resolvê-lo, melhor para mim e para o meu cliente. Se o cliente é absolvido ou tiver sua pena extinta num curto espaço de tempo, melhor para ele. De igual maneira, é melhor para o meu escritório, pois poderemos colocar um ponto-final nesse trabalho e seguir para outros.

Portanto, é completamente equivocada a sensação de que quanto mais tempo o processo demorar, mais honorários o advogado vai receber. Isso não condiz com a prática e o dia a dia de um advogado criminalista.

A Lei do Abuso de Autoridade vai favorecer a impunidade

É essencial desmistificar este folclore e, mais ainda, algumas informações sabidamente falsas divulgadas sobre a Lei do Abuso de Autoridade.

A primeira delas é que não há qualquer relação entre essa lei e um eventual aumento da impunidade. Não há, muito menos, qualquer impacto dessa lei na punição de grandes criminosos, de criminosos de colarinho branco ou daqueles que participam do crime organizado. A Lei do Abuso de Autoridade também não vai constranger ou cercear a liberdade de juízes e promotores.

Essa lei tem um único objetivo: punir autoridades que cometam crimes. A lei não pune um juiz que decida de forma A ou B. A lei não pune um delegado que investigue de forma X ou Y. A lei não pune um promotor de justiça que ofereça uma Denúncia contra um grande empresário, um banqueiro ou um político importante. A lei pune, ou pelo menos possibilita a punição, de todas as autoridades que, no desenvolver de seu trabalho, cometam crimes.

Para deixar ainda mais claro, reflita: não deveria ser passível de punição uma autoridade que impede, por exemplo, a entrevista de um preso com seu advogado? E uma autoridade que mantém presos de gêneros diferentes na mesma cela? Ou aquela que invade sua casa sem autorização da justiça? Não deve ser punida uma autoridade que inicia uma investigação criminal sabendo, claramente, que a pessoa investigada é inocente?

A resposta me parece clara: é óbvio que sim.

Vamos, então, desmistificar esse folclore: a Lei do Abuso de Autoridade não persegue juízes, promotores, delegados de polícia ou investigadores de polícia que façam seu trabalho corretamente. A lei pretende punir os que cometem crimes – crimes esses que há muito tempo seguem impunes.

Por isso é errado dizer que a Lei do Abuso de Autoridade vai favorecer a impunidade quando ela visa justamente ao contrário. Ela pretende investigar, processar e punir crimes cometidos por autoridades que, em geral, por um sem-número de razões, não são punidas.

O segundo grande folclore que permeia essa lei é de que ela será usada pelos poderosos para frear investigações ou perseguir aqueles que os investigam. Mas isso é um engano. Como você, pelo menos eu espero, já consegue entender um pouco de processo penal e do funcionamento do sistema de justiça criminal, é bastante óbvio dizer que quem vai investigar um policial que comete um crime de abuso de autoridade é a própria polícia. Quem vai processar esse policial é um representante do Ministério Público. E quem vai julgá-lo é um juiz de direito. Não há uma justiça paralela para crimes de abuso de autoridade. Os responsáveis por toda e qualquer investigação e por todo e qualquer processo são os mesmos em casos em que os acusados sejam autoridades.

Em razão disso, presumir que essa lei será usada para perseguir alguém é indiretamente afirmar que a justiça e essas autoridades perseguem pessoas. Um promotor de justiça que denuncie um colega promotor por este ter cometido um crime de abuso de autoridade não está fazendo nada mais do que seu trabalho. Da mesma forma que processa um cidadão comum, ele deve processar um delegado de polícia, um promotor de justiça ou qualquer autoridade que incorrer nos artigos da lei.

Assim, não caia em armadilhas. A Lei do Abuso de Autoridade tem como finalidade proteger ainda mais os cidadãos de possíveis abusos cometidos pelo Estado. Só.

O foro privilegiado serve apenas para evitar a punição de políticos

Para começar, vamos usar o nome mais correto, que é foro especial por prerrogativa de função. E por que é importante dar nome e sobrenome? Porque já salta aos olhos a primeira característica do tal foro privilegiado. Ele não diz respeito a uma pessoa, não faz relação a um político específico e não faz relação a um ou outro partido. Ele protege uma função. Logo, os que são protegidos por essa norma constitucional o são em razão do cargo que momentaneamente ocupam. O foro especial protege o cargo, a função, e não a pessoa. Esse é o primeiro ponto.

O segundo ponto é que o foro especial por prerrogativa de função é uma previsão constitucional. Há alguns artigos da Constituição que tratam do tema.[8]

Portanto, o foro privilegiado não foi criado por ministros do Supremo, não foi criado pela atual composição do parlamento. O foro privilegiado não foi criado pelo Partido dos Trabalhadores, pela esquerda ou pela direita. O foro especial por prerrogativa de função é uma criação da nossa Assembleia Nacional Constituinte.

---

8 Ver artigos 102, I, "b" e "c"; 105, I, "a"; 108, I, "a"; 96, III; e 29, X, todos da Constituição Federal. Ver, ainda, Súmula n. 702 do Supremo Tribunal Federal, bem como Súmulas n. 208 e n. 209 do Superior Tribunal de Justiça.

A título de curiosidade, a prerrogativa de foro não é uma previsão apenas brasileira. Ainda que em menor extensão, ela é prevista ao redor do mundo, como na França, Itália, Espanha e Argentina. E toda essa construção legislativa remonta ao fim do Império Romano, período em que a Igreja Católica, influenciando as regras do processo criminal, incentivou a criação de foro especial para o julgamento de determinadas pessoas, como senadores e eclesiásticos.

Ao longo das últimas décadas, houve uma série de propostas para modificar no todo ou em parte essa previsão constitucional. Então, para que fique claro: o que hoje em dia significa ter a prerrogativa de um foro especial?

Antes de responder a isso, uma observação é necessária: aproximadamente 55 mil pessoas no Brasil têm direito a foro especial. Muitos acreditam que ela é prevista apenas para políticos. Não, não é. Governadores, prefeitos, presidente da República, desembargadores, ministros, membros do Tribunal de Contas da União, embaixadores, juízes, promotores de justiça, todos eles, sem nenhuma exceção, gozam da prerrogativa de serem julgados por algum tipo de tribunal superior. Então, vamos já deixar de lado essa alegação falsa e panfletária de que o foro privilegiado é exclusividade dos políticos.

Hoje em dia, após o julgamento da Ação Penal 937 pelo plenário do STF, ficou decidido que deputados federais e senadores – os mais lembrados quando tratamos do tema – só teriam direito a uma prerrogativa de foro quando investigados e processados por crimes cometidos durante o exercício do mandato e em razão do cargo. Esse entendimento alterou radicalmente a posição anterior do Supremo, que permitia, sim – e nesse ponto específico sou bastante crítico –, que parlamentares tivessem o foro especial, inclusive em casos nos quais os crimes foram praticados antes de sua posse.

Vamos agora tratar da parte mais importante: quais são as razões da existência de um foro especial para alguns julgamentos?

É importante lembrar, como disse no início, que o foro especial não se dirige a uma pessoa, e sim a um *cargo*. Ao assumir uma função pública, e em razão dessa função, uma pessoa está muito mais suscetível do que nós, pessoas comuns, a ser acusada de crimes, muitas vezes de maneira injusta, em virtude da posição que ocupa.

Vamos traduzir isso para uma realidade prática. Uma pequena cidade possui dois candidatos a prefeito. Um deles ganha e é empossado; o outro continua a fazer oposição, mesmo após o fim das eleições. Essa oposição inclui uma série de denúncias vazias e infundadas contra o prefeito eleito. Uma vez levadas à justiça, reflita e responda: essas denúncias devem ser julgadas por um juiz de primeira instância daquela cidade, muitas vezes o único juiz disponível – que pode ser, inclusive, um eleitor do prefeito derrotado –, ou analisadas por um tribunal superior, mais isento e distante do fato sob julgamento?

Assim, o foro especial é uma garantia muito menos do que o privilégio, já que limita o número de recursos (lembra-se da escadinha?). Com ele, impedimos que acusações sejam utilizadas para fins políticos e pessoais.

O QUE FAZER E O QUE NÃO FAZER: SEUS DIREITOS E ALGUMAS DICAS SOBRE SITUAÇÕES QUE PODEM MUITO BEM ACONTECER COM VOCÊ

Chegamos a uma parte bastante prática deste livro, e nela é importante que eu faça uma introdução. Eu procurei aqui retratar algumas situações hipotéticas, mas que acontecem com frequência na vida real.

Ao dar algumas instruções que você pode – ou deve – seguir se estiver diante dessas situações, eu não estou aqui esgotando a matéria, até porque, dentro dessas hipóteses, pode haver um número bastante grande de variáveis.

Quando eu falo, por exemplo, sobre o que fazer durante uma abordagem policial, e principalmente o que não fazer, é evidente que nessa explicação eu não conseguiria tratar das evidentes diferenças entre uma abordagem policial feita em um jovem branco da área nobre de uma grande cidade e essa mesma abordagem sendo feita em um jovem negro da periferia. É evidente que há diferenças.

O que procurei trazer aqui são seus direitos básicos. Não necessariamente é uma instrução obrigatória de como você deve se portar, mas, sim, pelo menos a noção dos direitos que você tem. Por outro lado, jamais pretendo aqui, ou em qualquer outra parte deste livro, substituir a análise de um eventual advogado que você tenha. Portanto, se ele ou ela, em uma dessas situações hipotéticas, entende que você deva agir diferente, faça o que por diversas vezes eu aqui já recomendei: ouça sempre, em primeiro lugar, os seus advogados.

O que fazer (e não fazer) em uma abordagem policial?

Infelizmente, no Brasil, e principalmente nas grandes capitais, temos altíssimos índices de violência. Esses índices refletem, também, a prática comum de violência policial. Por isso, é muito importante pensar em como vou responder a essa pergunta. Vou começar pelo que você não deve fazer em uma abordagem policial.

Antes de tudo, não reaja, não tente fugir, não faça movimentos bruscos. Digo isso para que você possa proteger a sua vida. São incontáveis os casos de abordagens malconduzidas pela polícia que acabaram em grandes tragédias.

Em segundo lugar, por mais que você esteja inconformado(a) com uma abordagem e tenha razão, não é momento para grandes discussões. Lembre-se de que quem está armado – partindo da premissa de que você é um cidadão comum – é o policial, não você.

Durante uma abordagem, utilize a máxima de que "**todo cuidado é pouco**".

Se você tiver que questionar a autoridade responsável pela abordagem sobre seus motivos e, principalmente, sobre a forma como ela foi conduzida, **seja firme, mas educado(a)**. Deixe claro que não concorda com determinado pedido ou reação e que providências legais poderão ser tomadas.

A chance de o seu posicionamento deixar a autoridade com mais ímpeto violento é grande, mas, ainda assim, entendo ser importante pontuar desde o começo – principalmente nos casos de uma abordagem desproporcional – que você conhece seus direitos e pretende exercê-los.

Se pedirem seus documentos, dê. Se perguntarem a origem do seu celular, do seu tênis, da sua bicicleta ou de qualquer outro objeto, responda. Se perguntarem sua localização em tal momento, também responda.

Por outro lado, tenha sempre em mente que você tem um direito importante e inalienável: **o direito ao silêncio**. Se alguma resposta coloca você numa situação de risco ou faz com que você confesse a prática de um crime, saiba que você pode se calar.

Um último ponto, mais atual e de extrema relevância, inclusive para a sua proteção e para melhorar a polícia, é **o direito à gravação da abordagem**. Portanto, exerça-o. **Tanto você quanto terceiros que estejam ao seu lado, saquem seus celulares e filmem**. Muito mais do que uma forma de mostrar como a abordagem está sendo feita, a filmagem é a sua garantia e proteção: faça bom uso dela.

Ao ser conduzido(a) para uma delegacia, quais são meus direitos mais básicos?

Vários dos seus direitos básicos já foram tratados nos capítulos anteriores deste livro. Todos eles devem ser exercidos caso você seja conduzido para uma delegacia. Um exemplo é ficar em silêncio e não produzir prova contra si mesmo.

Nesse momento inicial em que, digamos, você coloca o pé dentro de uma delegacia, **o direito mais básico, e também o mais**

importante, é ter sempre, a todo o momento, em qualquer ato e situação, um advogado ao seu lado. Não faça nada, absolutamente nada, não assine um documento, não preste um depoimento, sequer converse informalmente com autoridades policiais se você não tiver o seu advogado ao seu lado.

Muitas das trapalhadas de investigações acontecem, principalmente, nesse primeiro momento em que algum(a) investigado(a) ou acusado(a) chega à delegacia e, muitas vezes, é ludibriado(a) por técnicas conhecidas de convencimento. Aquela famosa conversa de pé de ouvido que um delegado ou investigador pode ter com você: "Conta pra gente o que aconteceu"; "Vai ser melhor assim"; "Se você contar a verdade, eu te mando pra casa". Esse tipo de comportamento corriqueiro é o início de investigações enviesadas e malconduzidas.

A presença de um(a) advogado(a) em todos os momentos e para todos os atos é mais do que obrigatória: é essencial.

Ao longo da minha carreira foram centenas de ligações telefônicas que recebi, nos mais variados horários do dia e da noite, de pessoas que acabaram de ser levadas para uma delegacia de polícia. Digo a você a mesma coisa que eu falei ao telefone, com meus clientes, em todas as vezes: "Não dê um pio até eu chegar aí". **Da mesma maneira, não faça nada, absolutamente nada, até a chegada do(a) advogado(a) de sua escolha**. Dependendo da cidade e estado de sua abordagem, é possível que você seja atendido com um(a) defensor(a) público(a) ou um(a) advogado(a) conveniado(a) da OAB.

Há duas observações finais importantes.

E se a autoridade policial, cometendo um crime de abuso de autoridade, impede que você faça contato com um(a) advogado(a)? Bom, é algo bem mais frequente do que gostaríamos.

Se isso acontecer, **fique em total e absoluto silêncio**. Silêncio não apenas na fala, mas em relação a qualquer ato ou ação que possa, de alguma forma, ferir os seus direitos. Você não tem de responder a nenhuma pergunta, fornecer nenhum dado, senha de celular – nada, absolutamente nada.

Outro ponto importante, e aqui houve uma ótima alteração na legislação, é sobre o uso de algemas. Muito mais do que proteger os policiais que efetuam uma prisão – e proteger o preso e terceiros –, as algemas são comumente utilizadas para constranger e exibir. Em especial, presos de casos de grande repercussão, que eram filmados e expostos com algemas nos pulsos, quando, na verdade, seu uso é dispensável.

O STF editou uma súmula[1] reafirmando o óbvio: as algemas devem ser usadas por critérios de segurança, e só.

Assim, se você estiver em uma delegacia de polícia, detido(a), sem causar qualquer transtorno ou esboçar qualquer ato de violência, dentro de uma situação de normalidade, mesmo diante dessa prisão, **é seu direito não ser algemado(a)**.

---

1 Ver Súmula Vinculante n. 11 do Supremo Tribunal Federal: "Só é lícito o uso de algemas em casos de resistência e de fundado receio de fuga ou de perigo à integridade física própria ou alheia, por parte do preso ou de terceiros, justificada a excepcionalidade por escrito, sob pena de responsabilidade disciplinar, civil e penal do agente ou da autoridade e de nulidade da prisão ou do ato processual a que se refere, sem prejuízo da responsabilidade civil do Estado".

Se eu estiver sem documento e for parado(a) por policiais, eles podem me levar para uma delegacia para "averiguação"?

Não é crime não portar um documento de identidade ou qualquer outro documento de identificação. Esse motivo isolado não pode ser utilizado para encaminhar você a uma delegacia de polícia. Se uma autoridade fizer isso com você, trata-se de um crime de abuso de autoridade.

Além de a ausência de documentos não constituir crime, não existe no Brasil, principalmente após a Constituição de 1988, a chamada prisão para averiguação. Uma prisão só pode ser efetuada em duas situações: quando há uma situação de flagrância (portanto, um indivíduo é preso em flagrante) ou quando há uma ordem de prisão feita por autoridade judiciária (ou seja, um juiz).

Se há um mandado de prisão temporária, uma prisão preventiva ou uma prisão para execução de uma pena, aí, sim, aquele(a) que tenha sido abordado(a) numa rua deverá ser encaminhado(a) para a autoridade policial.

Fora essas duas situações, qualquer condução de uma pessoa à delegacia para averiguação é mais do que ilegal e constitui crime de abuso de autoridade.

Evidentemente que esse entendimento, e inclusive há decisões do Supremo Tribunal Federal,[2] não se estende àqueles sobre os quais há uma suspeita fundada da prática de um crime. Portanto, mesmo que na ausência de um estado de flagrância ou de uma ordem

---

2 Ver STF HC 107.644, Rel. Min. Ricardo Lewandowski, Primeira Turma, julgado em 06/09/2011, DJe 17/10/2011: "Legitimidade dos agentes policiais, sob o comando da autoridade policial competente (artigo 4º do CPP), para tomar todas as providências necessárias à elucidação de um delito, incluindo-se aí a condução de pessoas para prestar esclarecimentos, resguardadas as garantias legais e constitucionais dos conduzidos".

de prisão por escrito a autoridade policial tiver razões fundadas de que determinado indivíduo cometeu um crime, ele pode ser encaminhado à autoridade policial. Mas não é para averiguação, pois, sendo uma suspeita fundada, trata-se de um cenário completamente diferente de encaminhar alguém para uma delegacia de polícia exclusivamente para, a partir daí, iniciar algum tipo de investigação.

Fui parado(a) na blitz da Lei Seca. E agora?

A pergunta já contém parte da resposta. O que fazer quando você for parado(a) em uma blitz?

Bom, **a primeira coisa que você tem que fazer é parar**. Jamais, em hipótese nenhuma, sob qualquer justificativa, empreenda fuga de uma abordagem policial. São incontáveis os casos que terminaram com a morte de alguém quando pessoas tentaram evitar uma blitz.

Segundo ponto, como já dissemos neste livro, a lei e nossa Constituição garantem o direito de não produzir prova contra si mesmo. O bafômetro, assim como a acareação e o interrogatório, é a produção de uma prova, que pode ser, para aquele que a produz, prejudicial.

Logo, o mesmo raciocínio utilizado para garantir a todos aqueles investigados que permaneçam em silêncio – e esse silêncio em hipótese alguma será usado contra ele – deve ser aplicado no caso do bafômetro. O resultado do bafômetro é uma prova; o bafômetro, portanto, é um meio de prova. Desse modo, **qualquer pessoa que tenha contra si um pedido para produzir qualquer prova, especificamente nesse caso a medição do grau etílico no sangue, tem todo o direito garantido de se recusar a fazê-lo.**

Na prática, ao se recusar a fazer o bafômetro, muito provavelmente você será conduzido(a) a uma delegacia de polícia e, depois, ao Instituto Médico Legal (IML). Lá, serão pedidos novos exames para verificação da presença de álcool no sangue.

De novo, você pode se recusar a colher sangue no IML – pelo mesmo motivo que você se recusou a fazer o bafômetro e poderia se recusar, por exemplo, a ser entrevistado(a) por um médico (que, após análise de sinais exteriores, comprovaria ou não uma suposta embriaguez).

Lembre-se: você não é obrigado a produzir ou participar da produção de qualquer prova que seja, se ela pode, eventualmente, lhe prejudicar.

Finalizo aqui com uma importante observação: milhares de pessoas morrem todos os anos no Brasil em acidentes em veículos automotores.[3] Álcool e direção não combinam.[4] Respeite sua vida e a vida dos outros e jamais, em hipótese alguma, dirija depois de consumir álcool.

O que fazer se a sua casa for objeto de busca e apreensão?

Primeiro, essa medida de investigação geralmente é cumprida nas primeiras horas da manhã. E há um porquê. Em geral, uma busca

---

3 Em 2019, esse número, segundo dados preliminares do Ministério da Saúde, foi de 30.371 óbitos.

4 Ver *Folha de S.Paulo*: Estudo aponta que um em cada dez envolvidos em acidentes de trânsito por embriaguez em SP morre. *Folha de S.Paulo*, São Paulo, 18 set. 2020. Disponível em: https://www1.folha.uol.com.br/cotidiano/2020/09/estudo-aponta-que-um-em-cada-dez-envolvidos-em-acidentes-de-transito-por-embriaguez-em-sp-morre.shtml. Acesso em: 14 jun. 2021.

e apreensão é cumprida no contexto de uma operação policial – ainda que haja exceções. Para evitar vazamentos da operação, as buscas são feitas muito cedo.

Se você tiver, então, o desprazer de ser acordado às 6 horas da manhã por uma autoridade policial, **a primeiríssima coisa que você tem que fazer é se certificar de que de fato quem está tocando a sua campainha é mesmo alguém da polícia**. São conhecidos os casos de falsas blitze policiais, falsas viaturas e falsos distintivos. Nos dias de hoje, e por uma questão de segurança, é importante se certificar de que, de fato, são policiais.

Peça gentilmente, por mais que o interlocutor não esteja sendo muito gentil com você, para que ele se identifique. A partir dessa identificação, franqueie o acesso dele a sua casa, escritório ou local de trabalho, mas **não sem antes deixar de pedir para ter acesso ao documento mais importante nesse momento: o mandado de busca e apreensão**. É através dele que você saberá, pelo menos, a origem dessa ordem judicial.

Agora que a polícia está dentro da sua casa, o que fazer?

Como já disse inúmeras vezes ao longo deste livro, ao se certificar de que se trata de um policial, **a segunda coisa que você deve fazer é entrar em contato com o seu advogado ou sua advogada**.

Sobre o desenrolar da busca e apreensão, é importante fazer uma observação. Num passado recente, buscas e apreensões eram extremamente genéricas, continham apenas o endereço da pessoa e nada mais. O resultado prático é que a autoridade policial, muitas vezes desconhecedora dos detalhes da investigação, acabava apreendendo absolutamente tudo o que via pela frente: documentos inúteis, contratos sem a menor importância, cadernos de anotações corriqueiras. Até livros escolares, diários de adolescentes, eram apreendidos.

Isso tinha um reflexo ruim para os dois lados. A pessoa que sofreu a busca e apreensão ficava sem grande parte de seus objetos pessoais e, muitas vezes, inclusive, ferramentas de trabalho. E a autoridade policial tinha um trabalho gigantesco para separar o que era e o que não era relevante para a investigação. Após várias decisões judiciais, até mesmo cancelando buscas em razão de mandados genéricos, hoje as buscas e apreensões tendem a ser mais específicas.

Na prática, o que você precisa ter em mente? Caso tenha em suas mãos um mandado ainda genérico, a autoridade policial pode apreender praticamente tudo. E esse praticamente será, de certa forma, decidido ali no momento.

Se seu(sua) advogado(a) estiver presente no momento, o que eu espero que seja o caso, caberá a ele(a), inclusive, fazer as ponderações com a autoridade policial responsável pela medida. Se o mandado de busca for mais específico, cabe também ao seu(sua) advogado(a) – e caso ele(a) ainda não esteja presente, a você – tentar, de certa forma, verificar se os materiais apreendidos têm realmente relação com o objeto da busca.

Outra informação, que vale para qualquer abordagem policial: **procure sempre ser educado(a), calmo(a), respeitoso(a)**, para que esse difícil momento (uma busca e apreensão em sua residência é algo que sempre marca muito) seja rápido e o menos doloroso possível.

Recebi uma intimação policial ou judicial. E agora?

Nessa questão, eu vou repetir excepcionalmente o que já disse antes. E vou explicar o porquê. Algumas vezes, para os mais afoitos, e sabemos que eles são numerosos, é muito difícil aguardar uma informação, em especial depois de receber uma intimação da polícia ou da justiça criminal. É natural nos sentirmos angustiados sem saber do que se trata.

Incontáveis foram as vezes que meus clientes, ao receberem uma cartinha simpática da Polícia Federal, até mesmo antes de lê-la, entraram em contato com algum número de telefone contido nessa carta e iniciaram um questionamento acerca do que se tratava. Há casos mais graves ainda de pessoas que recebem intimações de delegacias da Polícia Civil e, se essas delegacias são próximas de suas residências, se dirigem até lá para se informar sobre aquela correspondência.

Eu poderia passar um capítulo inteiro deste livro contando dos problemas causados por atitudes assim, impensadas. Vou contar só um bem ilustrativo.

Certa vez, um cliente, morador do mesmo quarteirão que uma delegacia, que ficava no caminho de seu trajeto diário para a padaria, recebeu uma intimação. Ao perceber que era da delegacia ao lado de sua casa, não teve dúvida: foi, ainda com o saco de pães quentinhos na mão, questionar do que se tratava.

Era uma intimação para um suposto depoimento em um Inquérito Policial, e dentro desse Inquérito, ardilosa e deslealmente, havia, em autos apartados, ou seja, não disponíveis naquele momento a qualquer pessoa, um decreto de prisão temporária. Nem preciso contar o final dessa história. O cliente ficou detido e os pãezinhos esfriaram ali mesmo, na delegacia.

Portanto, **jamais tente saber sozinho(a) o porquê de uma intimação policial ou judicial**. Atrás dela pode ter algo muito mais grave. De novo, digo mais uma vez, sempre deixe nas mãos de seu(sua) advogado(a) obter essa informação. É ele(a), com a experiência devida e com o conhecimento técnico, a pessoa indicada para comparecer à delegacia, fazer contato telefônico com a autoridade policial ou, em caso de intimação judicial, obter acesso a qualquer processo que esteja em trâmite.

Faço mais uma pequena observação: não caiam na história de que uma intimação policial, por exemplo, é apenas para que você esclareça uma "pequena" informação. Isso acontece inúmeras vezes. Pessoas ligam para a delegacia, o investigador ou escrivão responsável pelo caso ouve e fala algo como: "Não, você não precisa de advogado, não. Vem aqui que eu te explico tudo".

Caro(a) leitor(a), há vários – a bem da verdade, a maioria – policiais excepcionais e bem-intencionados. Mas não são todos. Por isso, falem sempre com seu(sua) advogado(a).

Xinguei muito no Twitter, posso ter problema?

Essa pergunta é muito interessante, principalmente porque eu, como tuiteiro, diariamente respondo ou dou, digamos, um toque para aqueles que ainda insistem em me xingar nas redes sociais.

A resposta a essa pergunta é bastante simples: sim, xingar alguém no Twitter pode configurar um crime, assim como xingar alguém na rua, numa carta, num recado de WhatsApp, em qualquer lugar.

Nosso Código Penal tem um capítulo inteiro dedicado àquilo que chamamos de crimes contra a honra. Popularmente, quando falamos sobre eles é comum ouvir aqueles que dizem "Ah, vou te processar por calúnia, injúria e difamação", como se esses três crimes fossem a mesma coisa. Um grande pacote. Não, não são, e cada crime, apesar de estarem no mesmo lugar no Código, protege, de certa forma, coisas diferentes.

Vamos, então, à explicação de cada um deles:

> *Art. 138 – Caluniar alguém, imputando-lhe falsamente fato definido como crime:*
> *Pena – detenção de 06 meses a 02 anos, e multa.*
> *Art. 139 – Difamar alguém, imputando-lhe fato ofensivo à sua reputação:*
> *Pena – detenção de 03 meses a 01 ano, e multa.*
> *Art. 140 – Injuriar alguém, ofendendo-lhe a dignidade ou o decoro:*
> *Pena – detenção de 01 a 06 meses, ou multa.*

Entenderam? Não? Vou explicar de uma forma prática e objetiva.

Caluniar é acusar alguém da prática de um crime: "João é um ladrão e roubou o frango da padaria".

Difamar é imputar a alguém um fato que pode prejudicar sua reputação: "João é um safado, vive no bar de conversinha com um monte de gente. Deve trair a mulher dele toda hora".

Injuriar é xingar alguém: "Esse João é um belo dum canalha".

Agora, vamos aos detalhes.

Quando pensamos em crimes contra a honra, a primeira coisa que vem à cabeça é que pessoas, quaisquer pessoas, têm honra, o que inclui menores de idade, doentes mentais e até mortos. E, quando falamos em pessoa, falamos em pessoa física, seres humanos. A única exceção se dá no crime de difamação, quando é possível que a vítima seja uma pessoa jurídica, pois uma empresa, por exemplo, evidentemente tem uma imagem a preservar e proteger.

Perceba, então, que os crimes contra a honra são diferentes, mas nada impede que, num destempero, alguém cometa mais de um crime de uma vez só.

Imagine você dizendo o seguinte: "João, seu ladrão que roubou o frango da padaria! Corno! Filho da puta!". Parabéns, numa única patada, você conseguiu cometer calúnia, injúria e difamação.

Há algumas exceções, ou melhor, hipóteses de exclusão do crime previstas no nosso Código Penal. Por exemplo, a injúria ou difamação (e não a calúnia) que é dita em juízo, na discussão de um processo, pelas partes ou por seus advogados. Também não constitui crime a opinião desfavorável numa crítica literária ou artística.

Outro detalhe importante. Como já explicado em capítulos anteriores, os crimes contra a honra são crimes em que a ação penal é privada, ou seja, salvo algumas raras exceções previstas na lei, o(a) ofendido(a) deve contratar um(a) advogado(a) e mover o que chamamos de Queixa-crime,[5] processando criminalmente a pessoa que o(a) ofendeu.

Sou jornalista e fui questionado(a) sobre minha fonte. Estou seguro(a) juridicamente?

Sim, você está bastante seguro(a) quanto ao direito de não revelar sua fonte. Mais do que um direito, trata-se de uma garantia expressamente prevista em nossa Constituição Federal (artigo 5º, inciso XIV).[6]

O direito que um(a) comunicador(a) – e aqui uso essa expressão mais ampla do que a de jornalista – tem de omitir a fonte

---

[5] A Queixa-crime é a petição que dá início à Ação Penal Privada, em que, por exemplo são processados os crimes contra a honra. Nesse caso, quem apresenta o pedido que dá início ao processo é a vítima, e não o Ministério Público.

[6] Artigo 5º, inciso XIV da Constituição Federal: "XIV – é assegurado a todos o acesso à informação e resguardado o sigilo da fonte, quando necessário ao exercício profissional".

de uma informação por ele(a) divulgada é, na mesma medida, o direito que este(a) comunicador(a) tem de se expressar livremente.

O sigilo da fonte é elemento da garantia de liberdade de expressão, também prevista na Constituição. São garantias, digamos, irmãs. Com a flexibilização do direito do sigilo, flexibiliza-se também a liberdade de toda e qualquer pessoa de apurar e divulgar aquilo que entender de interesse público.

Em nossa história, há algumas decisões judiciais – inclusive, recentes –, quase que exclusivamente dadas em primeira instância, que, de certa forma, coagiram jornalistas e comunicadores a revelarem fontes. Isso é mais comum no âmbito policial. Não diria corriqueiro, mas já me deparei defendendo jornalistas de determinações de delegados de polícia que queriam que revelassem suas fontes. Essas situações devem ser levadas imediatamente ao Poder Judiciário.

Fui parado(a) pela polícia com droga para consumo próprio. O que pode acontecer?

Um dos graves problemas enfrentados pelo sistema de justiça criminal é, justamente, reflexo de nossa política de drogas. A legislação brasileira, apesar das constantes atualizações, é bastante ultrapassada. Mais do que a lei, toda a política de drogas implementada em nosso país nas últimas décadas é um fracasso.

Seguindo exemplos, principalmente o americano, de produzir legislação tendo como pano de fundo o *slogan* "guerra às drogas", vemos no Brasil o impacto negativo dessa postura equivocada – em especial, o encarceramento em massa e a superpopulação carcerária. Para usar um exemplo, em alguns estados, o número de mulheres presas por delitos relacionados às drogas ultrapassa os 80%.[7]

Além disso, a falta de precisão da lei ao diferenciar traficantes, pequenos traficantes, traficantes que assim agem para sustentar uma doença, que é a adição, e ainda apenas usuários de drogas faz com que um número assustadoramente grande de equívocos e erros judiciários aconteçam em nosso país.

De forma bem direta: há usuários presos como traficantes e há traficantes inocentados pela desclassificação de suas condutas para um crime menos grave. A imprecisão e a má redação da lei prejudicam a todos: inocentes e não inocentes.

É urgente e necessária uma ampla revisão de toda a política de drogas no Brasil, passando, inclusive, pela descriminalização de certas condutas. Precisamos ter clara a noção de que a questão das drogas se trata muito mais de algo relacionado à saúde pública do que propriamente à justiça criminal.

Falta, inclusive, coragem para abertamente se discutir a legalização eventual de drogas, cenário esse que vem sendo implementado após grandes discussões em vários países do mundo.

Especificamente com relação ao artigo 28 da Lei de Drogas, que prevê a punição daquele que porta drogas para consumo próprio, importante mencionar que há anos tramita no STF um recurso[8] que discute justamente a constitucionalidade desse referido artigo. A decisão desse julgamento, quando finalizado, terá o que

---

7 Infopen Mulheres 2017: "Tabela 18: Distribuição dos crimes tentados/consumados entre os registros das mulheres privadas de liberdade, por Unidade da Federação. Segundo o estudo, em Sergipe a porcentagem de mulheres presas por tráfico era de 88% e Roraima foi de 85%. A média nacional fica em 62% de mulheres presas por tráfico de drogas". Fonte: Levantamento de Informações Penitenciárias – Infopen, jun. 2016.

8 Recurso Extraordinário n. 635.659.

chamamos de repercussão geral.[9] No momento da publicação deste livro, o recurso estava com um pedido de vista do ministro Alexandre de Moraes.

Na qualidade, à época, de presidente do Instituto de Defesa do Direito de Defesa (IDDD), fiz a sustentação oral como amigo da corte[10] nesse recurso específico, afirmando que o uso de drogas é um típico caso de autolesão. Não há qualquer lesão a terceiras pessoas no ato daquele que faz uso de uma substância ilícita num espaço privado. Fazendo aqui uma analogia, o direito penal não pune aquele que tenta se suicidar, pois isso é um evidente caso de autolesão. Logo, não deveria atingir aquele que, da mesma forma, apenas se lesiona quando consome drogas.

Essa longa introdução antes de responder à pergunta era extremadamente necessária para a explicação. **O que vai acontecer se você for parado(a) na rua com droga para consumo próprio, infelizmente, vai depender de alguns fatores sobre os quais você não terá qualquer controle.**

Como já dito, a imprecisão no texto da lei e principalmente a falta de critérios objetivos para diferenciar um traficante de um usuário faz com que, no momento da abordagem, você tenha que contar com fatores como sorte, boa vontade das autoridades

---

9 Dispõe o § único do artigo 322 do Regimento Interno do Supremo Tribunal Federal que, "Para efeito da repercussão geral, será considerada a existência, ou não, de questões que, relevantes do ponto de vista econômico, político, social ou jurídico, ultrapassem os interesses subjetivos das partes". Esse é um dos requisitos para que um recurso possa ser julgado pelo STF. Enquanto o tema não é julgado, todos os recursos das instâncias inferiores que forem relacionados à mesma matéria ficam sobrestados (isto é, parados). A decisão é irrecorrível e atinge todos os procedimentos idênticos.

10 O *amicus curiae*, ou o amigo da corte, nada mais é senão uma pessoa – natural ou jurídica –, órgão ou entidade especializada e estranha à causa, que por iniciativa própria pode trazer a um processo ou a um julgamento elementos que auxiliem na formação do convencimento do julgador a respeito da matéria.

policiais que num primeiro momento fizeram a abordagem, situações e características pessoais suas.

A justiça brasileira, principalmente a criminal, é extremamente seletiva. Negros e pessoas de baixa renda têm um tratamento diferente desde o primeiro segundo em que se deparam com a justiça.[11] Especificamente no crime de tráfico, há diversas pesquisas que comprovam isso.[12]

Para facilitar o entendimento, vamos pensar numa situação hipotética em que você seja parado(a) com uma porção de 30 gramas de maconha no bolso.

A primeira coisa com que você vai ter que contar é a sorte. Sorte de ser abordado(a) por uma autoridade (seja um policial militar ou um policial civil) com bom senso, que não presuma nada a partir de particularidades. Algo isolado, ainda que a quantidade de droga, por exemplo, não possa jamais ser a baliza para diferenciar um traficante de um usuário, muito menos a raça, o gênero, a residência ou a profissão.

---

11 Ver informe "O sistema prisional brasileiro fora da Constituição – 5 anos depois: balanço e projeções a partir do julgamento da ADPF 347", do Conselho Nacional de Justiça, de junho de 2021 (p. 8): Segundo dados do Infopen, em 2020, 51,3% das pessoas privadas de liberdade eram negras, 42% com menos de 30 anos, 57,4% com ensino fundamental incompleto e 71% foram presos por crime patrimonial ou tráfico de drogas. O informe, então, conclui: "O perfil das pessoas privadas de liberdade – pobres, negras, jovens, sem acesso a oportunidades, que cometeram crimes patrimoniais *[e tráfico de drogas]* – segue o mesmo padrão ao longo dos anos, com poucas variações percentuais", trazendo dados colhidos desde o ano de 2010. Disponível em: https://www.cnj.jus.br/wp-content/uploads/2021/06/Relato%CC%81rio_ECI_1406.pdf. Acesso em: 17 jun. 2021.

12 SEMER, Marcelo. *Sentenciando tráfico:* o papel dos juízes no grande encarceramento. São Paulo: Tirant Lo Blanch, 2019. Ver p. 303-304: "A formação do perfil prisional é, de certa forma, também captada por nossa pesquisa de sentenças: a seletividade demonstrada nos processos pesquisados é consequência direta da opção preferencial pelo pobre, evidenciado, sobretudo, pela desproporcional atuação policial na repressão a partir da vigilância de rua. O aumento das penas e um maior engajamento policial na guerra às drogas também vêm tornando o encarceramento brasileiro paulatinamente mais feminino – mantendo e aprofundando, todavia, a representatividade negra nos cárceres".

A legalidade da posição tomada por uma autoridade se refletirá também no momento em que você for encaminhado(a) para uma delegacia de polícia. Ali, um delegado, responsável pela autuação do crime que lhe for apresentado, também deverá analisar o conjunto da situação para definir se a droga encontrada em seu poder se destinava ao seu consumo ou ao tráfico. E que conjunto de fatos são esses?

A quantidade é um deles, claro, mas somada a outros, como, eventualmente, a prática de outros crimes semelhantes em sua folha de antecedentes, o local e as condições da abordagem ou ainda outros elementos que possam sugestionar uso ou tráfico. Por exemplo, se alguém é abordado com 30 gramas de maconha, papel de seda e um isqueiro, tudo indica que se trata, de fato, de consumo. Se essa mesma pessoa é parada com 30 gramas e uma balança de precisão, uma quantidade razoável de dinheiro no bolso, em uma área conhecida como "boca de fumo", isso pode indicar a prática de tráfico.

Agora fica mais claro como **a distinção entre usuário e traficante é feita tendo como base uma somatória de fatos, e não uma coisa isolada.**

Vamos agora partir da premissa de que o delegado de polícia responsável pela análise do seu caso entendeu se tratar, de fato, do porte de drogas para consumo próprio. A primeira coisa que precisa ficar extremamente clara é que não existe prisão em flagrante para esse crime, isso é expresso pela lei.[13] Portanto, não caia na armadilha de eventuais afirmações feitas tanto pela autoridade

---

13 Ver artigo 48, §2º da Lei de Drogas (Lei n. 11.343/06): "Tratando-se da conduta prevista no art. 28 desta Lei, não se imporá prisão em flagrante, devendo o autor do fato ser imediatamente encaminhado ao juízo competente ou, na falta deste, assumir o compromisso de a ele comparecer, lavrando-se termo circunstanciado e providenciando-se as requisições dos exames e perícias necessários".

policial responsável pela abordagem inicial quanto, eventualmente, por alguma autoridade dentro da delegacia de polícia, com um discurso de que é melhor você fazer A ou fazer B, senão será preso em flagrante.

Se a ocorrência configurar porte para consumo, mais uma vez, que fique claro, não existe prisão em flagrante. O que é diferente de você não ser obrigado(a) a comparecer em uma delegacia de polícia. Mais do que comparecer, ser conduzido(a) pela autoridade responsável pela abordagem a uma delegacia de polícia.

E por que isso acontece? Ao dizer que não existe prisão em flagrante para esse crime, a lei afirma que o(a) autor(a) do fato deve ser imediatamente encaminhado(a) para um juiz competente para que esse, então, possa tomar as devidas providências.

Como isso, na prática, é muito difícil de acontecer, o que provavelmente acontecerá é que você será encaminhado(a) a uma delegacia de polícia. Lá o delegado, convencido da prática do artigo 28 da Lei de Drogas, o porte para o consumo, fará com que você assine um papel, e nele estará ali o compromisso de comparecer ao juízo competente, ou seja, ao fórum criminal de sua cidade, em uma data determinada.

E que providências são essas? As providências da aplicação das penas previstas pela lei: advertência sobre os efeitos das drogas; prestação de serviços à comunidade ou medida educativa de comparecimento a programa ou curso educativo.

Qual a pena que será aplicada; se isoladamente ou cumulativamente; quanto tempo de cumprimento, tudo isso dependerá muito do representante do Ministério Público responsável pelo seu caso, das condições especiais ou não do seu caso e até da praxe da justiça local.

Na capital de São Paulo, por exemplo, são corriqueiras as audiências conjuntas, em que dezenas de pessoas flagradas portando drogas para consumo próprio fazem uma audiência, em que há uma explicação técnica do seu processo. Lá mesmo pode ser feita a advertência verbal por parte do juízo competente ou outros encaminhamentos são tomados. Isso depende, mais uma vez, do caso concreto e da praxe da justiça de sua cidade.

Mas o mais importante, e que precisa ficar claro nessa resposta, é o que já foi dito por mais de uma vez: **não existe prisão em flagrante para o porte de drogas para consumo próprio.**

Não me contive e espalhei *fake news* sabendo que a informação era falsa. Isso é crime?

O fenômeno das *fake news* é algo extremamente grave, e pior, de difícil solução não apenas no nosso país, mas no mundo todo. Já adianto que não acho que o direito penal seja a solução mais adequada. Ao contrário, o direito penal é aquilo que chamamos – e isso já foi abordado em capítulos anteriores – de *ultima ratio*. Ou seja, deve ser acionado por último para a solução de um conflito. Mais do que isso, o direito penal é (e sempre será) subsidiário a outras formas menos lesivas e invasivas de o Estado agir.

Portanto, ainda que as *fake news* tenham de ser combatidas, enfrentadas e punidas, há outras formas, não necessariamente ligadas à justiça criminal, eficazes para a solução desse grave problema.

Com relação à pergunta, importante ficar claro que, **atualmente, especificamente divulgar** *fake news* **não é crime.** Quando digo especificamente é porque não há tipificação dessa conduta na nossa lei penal. **Isso não quer dizer que quem divulga** *fake news*

não pode cometer um crime. Não entendeu? Calma, a explicação está mais para a frente.

Num passado recente, um projeto de lei feito a toque de caixa, sem a necessária discussão com especialistas da área, chegou a propor uma série de tipos penais possíveis para aqueles que criam, financiam e divulgam notícias sabidamente falsas. Com modificações feitas, o projeto de lei que atualmente está em discussão no Senado Federal não contém esses tipos penais, mas nada impede que isso venha a ser incluído em algum momento – o que seria um erro. E por quê?

Grande parte das condutas típicas possíveis que quem sabendo estar divulgando ou até criando uma notícia falsa realiza já está prevista no nosso Código Penal. Imputar falsamente um crime e divulgar essa informação, ou seja, um caso típico de *fake news*, ao fim e ao cabo, nada mais é do que um crime contra a honra: a calúnia. Fazer um meme, falso ou não, atingindo a reputação de alguém, nada mais é do que o crime de difamação. Assim, as condutas mais comuns de quem faz uso dessa forma tão grave de desinformar são abarcadas por nossa lei penal.

O que não está, e aí, sim, deveria ser objeto de maiores estudos e eventual proposição legislativa nova, é como focar o ponto mais importante diante do uso atual dessas informações sabidamente falsas. Traduzindo isso para uma reflexão mais objetiva: não precisamos punir aquele senhor ou senhora desavisada que distribui uma informação sem antes fazer a checagem necessária. Por outro lado, precisamos descobrir, encontrar e punir quem está por trás da criação dessa informação sabidamente falsa.

As *fake news* hoje têm um impacto direto em pleitos eleitorais, por exemplo. Mais ainda, elas tiveram um impacto direto no combate e na troca de informações durante a pandemia da Covid-19.

Quantas não foram as notícias, memes e até áudios que recebemos com informações falsas sobre o combate, proteção e eventual cura da maior pandemia da nossa história recente?

Volto a dizer, não temos que punir aquele desavisado que, sem checar a informação, a repassou. Temos que punir aquele que a produziu, e, mais ainda, punir aquele que a financiou.

Dentro do pleito eleitoral, principalmente, há financiadores de informações sabidamente falsas que são usadas para influenciar – e bastante – eleições em todo o mundo. Esse deve ser o foco.

Portanto, por enquanto, se você simplesmente divulgar uma informação que sabe ser falsa, estará sujeito(a), sim, a cometer um crime contra a honra, pelo menos. No entanto, especificamente o termo *fake news* não encontra uma tipificação penal em nosso país.

Fui racista (do ponto de vista de direito penal)?

Em nosso país, observamos, ainda e infelizmente, atos diários de racismo. Mais do que isso, é importante afirmar que o que temos no Brasil é um exemplo típico de uma estrutura racista. Como bem aponta o professor Silvio de Almeida: o racismo no Brasil é estrutural.[14]

Do ponto de vista penal, é comum ouvirmos a palavra *racismo* como se ela fosse um único tipo penal previsto em nossa legislação. Mais do que isso, dizemos genericamente racismo sempre pensando nele como um crime, sem entender muito bem o que é isso.

Portanto, inicialmente é importante distinguir dois crimes semelhantes, mas com suas peculiaridades: o crime de racismo e o crime de injúria racial.

---

14 ALMEIDA, Silvio Luiz de. *O que é racismo estrutural?* Belo Horizonte: Letramento, 2018.

O **crime de racismo** está previsto numa lei específica de 1989.[15] Ele **acontece quando há ofensas praticadas por alguém que atingem toda uma coletividade**, um número indeterminado de pessoas que são ofendidas por sua raça, etnia, religião ou origem. A pena para esse crime é a de reclusão de um a três anos.

Já o **crime de injúria racial** está previsto em nosso Código Penal[16] e **ocorre quando se ofende a dignidade ou decoro de alguém utilizando elementos de raça, cor, etnia, religião e até condições especiais dessa pessoa**. Nesse caso, portanto, ao contrário do crime de racismo, o autor do crime atinge uma determinada pessoa, não uma coletividade. A pena nessa hipótese é menor: é a de detenção de um a seis meses.

Tentando exemplificar um pouco esses dois tipos penais: ocorre a injúria racial se, em uma discussão (ou em qualquer outro momento), uma pessoa ofende a outra usando, por exemplo, o termo *macaco*. Já o crime de racismo ocorre, por exemplo, se alguém limita a entrada de uma pessoa em um espaço com base em um critério racial. Ou seja, o que comumente chamamos de racismo pode ser, no direito penal, uma injúria racial.

Outra diferença comumente apontada nesses dois crimes se dá na impossibilidade de pagamento de fiança e, ainda, na suspensão da possibilidade de um crime de racismo prescrever.

Hoje, a jurisprudência do STJ afirma que essas duas características são, também, estendidas ao crime de injúria racial.[17]

---

15 Lei n. 7.716/89.

16 Artigo 140, §3° do CP.

17 STJ, AREsp 686.965/DF, Rel. Min. Ericson Maranho (Des. Convocado do TJSP), j. em 12 maio 2015; STJ, AgRg no AREsp 734236/DF, Rel. Min. Nefi Cordeiro, DJe em 8 mar. 2018; STJ, AgRg no REsp 1.849.696/SP, Rel. Min. Sebastião Reis Júnior, DJe em 23 jun. 2020.

E ser homofóbico(a)? É crime?

Sim, desde 2019, o STF, no julgamento da Ação Direta de Inconstitucionalidade por Omissão (ADO) n. 26, entendeu que a discriminação por orientação sexual ou identidade de gênero deve ser considerada um crime. Mais especificamente, a maioria dos ministros do Supremo entendeu que essa conduta deve ser punida pela Lei do Racismo.

Por mais que a ideia, o conceito e a necessidade de se punir a homofobia sejam urgentes e necessários, é importante mencionar que, do ponto de vista estritamente técnico, há uma discussão bastante relevante sobre caber ao STF assim legislar.

Em outras palavras, é papel do Supremo criar um novo tipo penal, um novo crime? Pois, ao equiparar a homofobia aos crimes previstos na Lei do Racismo, pode-se levantar a hipótese da criação de um novo crime sem o necessário rito para isso.

Por causa disso, há quem questione se é papel do Supremo criar um novo crime ou se isso caberia exclusivamente ao Poder Legislativo. Ainda mais quando tramitam em ambas as casas legislativas projetos de lei que visam punir a homofobia.

Para que fique claro, não há aqui nenhum questionamento ou dúvida sobre a homofobia ser de fato um crime; o que se questiona é apenas a maneira escolhida para tipificar essa conduta.

Deixando essa polêmica de lado, o que é importante ficar evidente é que, portanto, **a prática de qualquer ato discriminatório em relação a pessoas ou grupo em razão de sua orientação sexual ou identidade de gênero é um crime tão grave e punível quanto o de racismo.**

O que pode ser considerado estupro?

Antes de efetivamente responder a essa pergunta, um dado estarrecedor vale o registro: segundo a última atualização do *Anuário Brasileiro de Segurança Pública*,[18] temos no Brasil um estupro a cada 8 minutos. No último estudo, esse número era de um estupro a cada 11 minutos. Pioramos muito.

Os crimes sexuais são gravíssimos, merecem uma investigação profunda e um olhar atento do Poder Judiciário. Até porque, infelizmente, o judiciário erra muito nesse campo.

E erro judiciário não beneficia ninguém, muito pelo contrário, pune alguém que injustamente é acusado de um crime e, por outro lado, enfraquece a versão tão relevante e importante de vítimas desse crime repugnante que cresce no Brasil[19] e no mundo todo. Portanto, uma investigação cuidadosa e uma análise feita da mesma forma pelo judiciário são tão relevantes.

Houve recentes alterações, mais especificamente em 2018, nos artigos de lei que tratam de crimes sexuais.

Para fins deste guia, acredito ser importante diferenciar e explicar quatro desses crimes: o estupro, o estupro de vulnerável, a importunação sexual e o assédio sexual.

> *Estupro*
> *Art. 213 – Constranger alguém, mediante violência ou grave ameaça, a ter conjunção carnal ou a praticar ou permitir que com ele se pratique outro ato libidinoso:*

---

18 Ver *Anuário Brasileiro de Segurança Pública* de 2020. Disponível em: https://forumseguranca.org.br/anuario-brasileiro-seguranca-publica/. Acesso em: 14 jun. 2021.

19 Ver *Anuário Brasileiro de Segurança Pública* de 2019, p. 7: apontou um aumento de 4,1% nos casos de violência sexual. Disponível em: https://www.forumseguranca.org.br/wp-content/uploads/2019/09/Anuario-2019-FINAL-v3.pdf. Acesso em: 14 jun. 2021.

Pena – reclusão, de 6 (seis) a 10 (dez) anos.

Estupro de vulnerável
Art. 217-A. Ter conjunção carnal ou praticar outro ato libidinoso com menor de 14 (catorze) anos:
Pena – reclusão, de 8 (oito) a 15 (quinze) anos.
§ 1º Incorre na mesma pena quem pratica as ações descritas no caput *com alguém que, por enfermidade ou deficiência mental, não tem o necessário discernimento para a prática do ato, ou que, por qualquer outra causa, não pode oferecer resistência.*

Importunação sexual
Art. 215-A. Praticar contra alguém e sem a sua anuência ato libidinoso com o objetivo de satisfazer a própria lascívia ou a de terceiro:
Pena – reclusão, de 1 (um) a 5 (cinco) anos, se o ato não constitui crime mais grave.

Assédio sexual
Art. 216-A. Constranger alguém com o intuito de obter vantagem ou favorecimento sexual, prevalecendo-se o agente da sua condição de superior hierárquico ou ascendência inerentes ao exercício de emprego, cargo ou função.
Pena – detenção, de 1 (um) a 2 (dois) anos.

Esse é o texto dos artigos de lei que tratam dos temas. Vamos explicar cada um deles. O estupro consiste na prática de conjunção carnal – exatamente o texto da lei – ou qualquer outro ato libidinoso mediante violência ou grave ameaça para a vítima.

Portanto, **o grande diferencial do crime de estupro é a necessidade da presença de violência ou de grave ameaça no contexto da prática do crime.**

Importante deixar claro que **não apenas a penetração é considerada estupro**. A expressão **qualquer ato libidinoso envolve uma série de condutas diferentes** além de exclusivamente a conjunção carnal, como sexo oral, apalpar nádegas ou outra parte do corpo, inclusive beijos praticados mediante violência ou grave ameaça podem ser considerados e tipificados como estupro.

Já o **estupro de vulnerável** tem uma característica diferente. A violência ou a grave ameaça podem não ter ocorrido, mas são automaticamente presumidas **se conjunção carnal ou qualquer outro ato libidinoso tenha sido praticado com uma pessoa menor de 14 anos ou uma pessoa que não consiga oferecer resistência num dado momento, como nos casos de uso de álcool ou drogas**. Estão incluídos nesse artigo também aqueles que por uma enfermidade ou qualquer outro tipo de condição física ou mental têm sua defesa dificultada. Nesse caso (de novo, é o grande diferencial), a violência ou a grave ameaça já estão presumidas.

Já o crime de importunação sexual, que teve seu artigo incluído no nosso Código Penal mais recentemente, veio com a função de criar um crime, digamos, no meio do caminho.

Na prática, o que acontecia? Algumas vezes, atos que poderiam ser discutidos do ponto de vista técnico penal da ocorrência ou não de um estupro acabavam não tendo qualquer punição justamente em razão da divergência de interpretações.

Vamos usar de um exemplo clássico e conhecido: um homem no transporte público ejacula na vítima sem o conhecimento ou consentimento dela. Estaria ele praticando um ato libidinoso para satisfazer a sua pessoa, mas, em tese, sem a prática direta de violência e grave ameaça, porque muitas vezes essa vítima sequer tomou conhecimento daquilo que estava acontecendo. Tratava-se de um limbo jurídico.

É evidente que essa é uma prática que deve ser punida, mas muitas vezes acabava não sendo pela interpretação de que, não tendo havido violência ou grave ameaça, ou sequer a ciência da vítima, não seria um caso de estupro.

Daí surgiu o **crime de importunação sexual**, que é justamente **a prática contra alguém, sem anuência da pessoa, de um ato libidinoso, sem a prática direta de uma violência física nem de uma grave ameaça.**

É importante deixar claro que, quando falamos que não há prática de violência, essa expressão não pode ser interpretada de forma que não a técnica. É evidente que praticar um ato sem a anuência de alguém é sempre uma violência, mas o que a lei penal quer dizer quando usa essa palavra é a ocorrência de uma violência ou grave ameaça *física*.

Por último, temos o crime de assédio. Ele tem como elemento característico principal a necessidade da ocorrência dos atos em um ambiente em que haja hierarquia ou ascendência diretamente ligada ao exercício do emprego, de um cargo ou de uma função. Assim, é dentro de um ambiente profissional que pode ocorrer esse crime, que é justamente quando o autor constrange alguém, com o intuito de obter algum favorecimento sexual, utilizando a sua condição hierárquica como elemento apto a conseguir isso.

Sofri uma violência doméstica. O que fazer?

A violência doméstica, e em especial a violência contra a mulher, é algo extremamente grave, que cresce no nosso país.[20]

    Antes de falar um pouco das medidas de proteção e das inovações trazidas pela legislação, é importante começar com um pedido: denuncie. Por mais que haja um sem-número de dificuldades impostas muitas vezes pelas próprias autoridades, impostas veladamente pela sociedade, e dificuldades trazidas do inerente e natural medo daqueles que sofrem algum tipo de violência dentro do ambiente familiar, somente com a denúncia e com uma investigação é que esses atos podem parar e seus responsáveis podem ser punidos.

    Hoje, há uma série de mecanismos de proteção às vítimas, bem como instituições privadas e Organizações Não Governamentais (ONGs) que formam grupos de apoio – inclusive, dentro do Ministério Público, há grupos para auxiliar as vítimas.

    Se você está sofrendo, acabou de sofrer, ou está em vias de sofrer uma violência doméstica, não hesite em ligar para 190. O contato rápido com a Polícia Militar tem a óbvia intenção de fazer cessar ou evitar algum tipo de violência e, mais ainda, já registra essa agressão. O primeiro passo é chamar a polícia. Outra opção é ligar para 180, número da Central de Atendimento à Mulher.

    Em um segundo momento, até para que medidas protetivas possam ser aplicadas, é essencial que você **compareça a uma delegacia de polícia**. Caso haja uma delegacia especializada em violência contra a mulher na sua cidade, melhor. Do contrário,

---

20 Ver *Anuário Brasileiro de Segurança Pública* de 2020, p. 13: apontou um crescimento de violência doméstica em 5,2%. Disponível em: https://forumseguranca.org.br/wp-content/uploads/2021/02/anuario-2020-final-100221.pdf. Acesso em: 14 jun. 2021.

compareça a qualquer delegacia de polícia e registre um Boletim de Ocorrência.

Se você achar necessário, e isso certamente será questionado pela autoridade policial, requeira formalmente a ela que medidas protetivas sejam pedidas imediatamente a um juiz. E o que são essas medidas?

As medidas protetivas são um mecanismo de proteção a pessoas que estão em situação de risco e buscam preservar sua saúde física e mental. Elas surgiram em 2006, com a edição da conhecida Lei Maria da Penha. Mais do que apenas interromper e prevenir a ocorrência de novos casos de violência doméstica e familiar, a Lei Maria da Penha obriga o Estado a proteger as vítimas dessa violência.

As medidas aplicadas mais usuais consistem no afastamento do agressor do lar ou local de convivência com a vítima, além da proibição de uma série de condutas que envolvam a proximidade entre agressor e vítima. É possível que o juiz fixe uma distância mínima entre os dois e proíba qualquer tipo de contato com a vítima, seus familiares e eventuais testemunhas.

É importante salientar que todas essas medidas podem ser aplicadas em caráter de urgência, já que é preciso ouvir a versão do agressor antes que medidas definitivas sejam autorizadas.

Sou obrigado(a) a denunciar um crime?

Não, **salvo algumas exceções**, que serão explicadas, **ao presenciar a prática de um crime, você não tem qualquer obrigação legal de denunciá-la.**

O próprio Código de Processo Penal, em mais de um artigo, estipula a possibilidade de qualquer pessoa do povo provocar o

Ministério Público, ou outra autoridade, informando sobre a prática de um eventual crime. Nessas previsões legais, o verbo está sempre no condicional. O §3º do artigo 5º do Código de Processo Penal diz que qualquer pessoa do povo que tiver conhecimento da existência de uma infração penal *poderá* comunicá-la à autoridade policial. O artigo 27, na mesma linha, também diz que qualquer pessoa do povo *poderá* provocar a iniciativa do Ministério Público no caso da ciência de um crime.

É uma faculdade do cidadão, não uma obrigação.

Que crime é julgado pelo júri?

Ao contrário do que estamos acostumados a ver no cinema, principalmente, em filmes americanos, o Tribunal do Júri na nossa legislação é algo bastante diferente da ficção.

Até produções brasileiras (em especial novelas) retratam a prática do Poder Judiciário de forma bastante equivocada. No Brasil, juiz não usa martelo, não costuma gritar aos quatro ventos "Silêncio no tribunal!" e advogados não saem dizendo a popularesca frase "Protesto, Meritíssimo!".

O júri no Brasil tem sua competência definida na Constituição e no Código de Processo Penal.[21] **São julgados perante o júri apenas o que chamamos de crimes dolosos contra a vida, sendo eles: o homicídio; o induzimento, instigação ou auxílio ao suicídio; o infanticídio; o aborto provocado pela gestante ou por terceiro.**

---

21 Ver artigo 5º, inciso XXXVIII da Constituição Federal: "é reconhecida a instituição do júri, com a organização que lhe der a lei, assegurados: a) a plenitude de defesa; b) o sigilo das votações; c) a soberania dos veredictos; d) a competência para o julgamento dos crimes dolosos contra a vida".

Feita essa primeira colocação, é importante também explicar a dinâmica do júri em nosso país. E volto a dizer, ela é completamente diferente do que assistimos nos filmes.

Em nosso sistema, são chamadas sete pessoas do povo, que são convocadas para serem jurados e julgar seu semelhante.

E quem pode ser jurado(a)? A lei estipula algumas especificidades, mas, em linhas gerais, qualquer pessoa maior de idade pode ser jurado(a).

Assim como alguns já devem ter recebido em suas casas uma carta com uma convocação para trabalhar nas eleições como mesário, por exemplo, você pode receber essa mesma correspondência convocando-o(a) para ser jurado(a). Já adianto: não é um convite, é uma obrigação.

A lei estipula o quórum mínimo de jurados convocados que devem estar presentes a uma sessão de julgamento. Dentre esses, é feito um sorteio em que as partes, Ministério Público e defesa, têm direito de fazer algumas recusas e, depois, sete pessoas são escolhidas para compor o conselho de sentença. Na mão, na consciência e no julgamento dessas sete pessoas, está o poder de decidir se um semelhante é culpado ou inocente.

A votação é secreta e feita através de cédulas. Aquela conversa, aquele debate entre os jurados a que você assiste na sua série jurídica preferida não existe aqui. Tudo, absolutamente tudo, é feito em segredo. Os jurados têm por obrigação legal permanecer incomunicáveis durante o julgamento.

Inclusive, se esse julgamento demora mais de um dia, os jurados devem dormir no fórum, muitas vezes acompanhados por uma autoridade, um policial militar, por exemplo, para garantir que essa incomunicabilidade não seja quebrada.

Ser jurado(a) é uma tarefa dura. Não só pela responsabilidade de julgar alguém, como também pela dificuldade e embaraços práticos dessa função.

Especificamente sobre o julgamento, a função do(a) jurado(a) é, ao final da exposição tanto da acusação quanto da defesa, estar apto(a) a decidir se alguém deve ser condenado ou absolvido dentro da sala secreta (esse é o nome oficial). Essa decisão se dá mediante a votação do que chamamos de quesitos, que são perguntas que o juiz faz dentro do processo e devem ser respondidas com um sim ou não pelos jurados.

E aqui dou um exemplo de uma quesitação típica de um caso hipotético de homicídio consumado em que a tese de defesa é a negativa de autoria, ou seja, em que o réu nega que tenha sido ele o autor do crime. Os quesitos virão redigidos assim:

No dia 25/12/2016, por volta das 20h30, na Estação de Metrô Dom Pedro II, Centro, nesta cidade e Comarca, a vítima José foi atingida por chutes, socos e pisadas, sofrendo por isso os ferimentos descritos no laudo de exame necroscópico, os quais foram a causa eficiente de sua morte?

O acusado João desferiu chutes, socos e pisadas na vítima, causando nela os ferimentos mencionados no item anterior?

O jurado absolve o acusado?

Portanto, cabe ao jurado(a) a decisão de julgar alguém do povo. Essa é a essência do Tribunal do Júri. Pela peculiaridade dos crimes que ele enfrenta, é o povo que julga seu semelhante. Mas, evidentemente, os jurados são, em sua imensa maioria, leigos. Daí, portanto, o seu papel é de apenas responder àquelas perguntas (os quesitos) dizendo sim ou não.

Quando da contagem dessas respostas, e depois o resultado, vamos imaginar a situação de que esse réu que negou a autoria foi condenado por maioria de votos: quatro jurados votaram por sua condenação. Caberá agora ao juiz do caso, esse, sim, de forma técnica, fixar tanto a quantidade de pena quanto o regime de cumprimento.

Para que fique claro, cabe ao(à) jurado(a) dizer se o réu deve ser condenado ou absolvido. Detalhes técnicos dessa condenação ou absolvição são de responsabilidade do juiz.

Pessoa jurídica comete crime?

Eu poderia dar essa resposta de duas formas. **Sim, em apenas uma situação, ou não, pessoas jurídicas não cometem crimes, com uma exceção.** Vamos aos fatos.

Pessoas cometem crimes. Pessoas têm vontade, consciência de que estão infringindo uma lei. Pessoas agem com intenção, ou seja, dolo, ou são negligentes, imprudentes, imperitas, agindo assim na modalidade culposa da prática de crimes.

Mais ainda, pessoas podem cumprir pena, ser presas preventivamente e presas para execução de uma pena corpórea. Pessoas podem ter seu direito de locomoção restringido por alguma das medidas cautelares alternativas a uma prisão, por exemplo.

Empresa não pode quase nada disso. Uma pessoa jurídica não tem vontade própria, pois é um reflexo da decisão de pessoas físicas no seu comando e sua direção. Uma pessoa jurídica não pode ir para a cadeia, mas seus executivos e funcionários diretamente responsáveis pela eventual prática de um crime, sim.

A única exceção que nossa lei prevê é a prática de crimes ambientais.

Apesar de ser algo ainda bastante polêmico na doutrina e na jurisprudência, já que houve principalmente nos tribunais superiores uma mudança de posição, a Lei Ambiental de 1998 prevê expressamente a possibilidade de uma pessoa jurídica responder por um crime ambiental. A polêmica na jurisprudência girou em torno da necessidade ou não de alguma pessoa física também ser punida com a jurídica.

Atualmente, o entendimento é de que uma pessoa jurídica, uma empresa, isoladamente, pode ser processada criminalmente por um crime ambiental e cumprir as penas previstas nessa lei especial, quais sejam multa, prestação de serviços à comunidade, suspensão parcial ou total das atividades.

Fui preso(a) em uma manifestação. E agora?

Finalizo aqui este guia com situações hipotéticas com uma que, infelizmente, é bastante frequente: a prisão durante manifestações de rua. De certa forma, sintetizo quase tudo aquilo que nesta obra eu defendo: somos iguais perante a lei, e os direitos e garantias fundamentais previstos em nossa Constituição não fazem qualquer distinção de sexo, raça, religião e posicionamento político. Portanto, se você for preso(a) em uma manifestação organizada por partidos de esquerda, por movimentos sociais, por setores conservadores de direita e até extremistas; se há, e muito provavelmente haverá, alguma ilegalidade na sua prisão, eu pretendo aqui, em linhas gerais, reafirmar quais são seus direitos, o que você deve e não deve fazer.

Antes de qualquer coisa, é importante deixar claro que é muito difícil falar dessa situação hipotética – fazer uma prisão durante uma manifestação – já que, geralmente, nesses casos, **a dinâmica das ilegalidades pode ser diferente para o tipo e também para, digamos, a pauta e a ideologia da manifestação da qual você está participando, apesar de haver semelhanças em todos os casos.**

Não sejamos hipócritas, até porque a história e os acontecimentos recentes assim comprovam. Manifestações com pautas conservadoras, reacionárias, mais ao espectro da direita da política tendem a ter um tratamento mais leniente e parcimonioso da Polícia Militar, por exemplo. É frequente ver as cenas desses manifestantes abraçados ou tirando fotos com policiais militares. Em manifestações do campo progressista, isso é muito menos frequente, quando não inexistente. Aqui não há um julgamento de valor: há simplesmente a constatação de um fato.

Há também uma evidente diferença entre a manifestação ser pacífica ou haver nela algum ato de violência, independentemente de quem tenha começado essa violência, se por parte das forças policiais ou por parte dos manifestantes. Mas eis outro fato: manifestações pacíficas têm um menor número, quando não um zero número de prisões. Já em manifestações em que há qualquer ato de violência, há mais prisões.

E vamos aqui começar com alguns problemas práticos dos momentos em que há uma manifestação de rua. O primeiro deles é que comumente as prisões ocorrem numa espécie de efeito manada. Há um foco de violência, uma correria, e a polícia, muitas vezes sem individualizar e identificar concretamente qualquer atitude que autorize uma prisão, sai, sem muito critério, abordando e contendo, muitas vezes de forma violenta, os manifestantes que estão ali no seu entorno. Alguns deles podem até ter participado de atos violentos, mas outros poderiam estar ali apenas exercendo o seu direito de se manifestar. Portanto, é bastante possível que uma pessoa seja detida durante uma manifestação sem ter efetivamente feito nada, apenas exercido o seu direito constitucional de expressão.

Outro ponto bastante preocupante, e que também está no campo da identificação e da individualização, está no fato de que muitas vezes ocorre algo grave que é a não identificação dos policiais responsáveis por acompanhar uma manifestação. Quantas não foram as vezes que eu presenciei – sim, já fui e ainda pretendo ir a várias manifestações de rua – e me deparei com policiais militares sem a devida identificação em suas fardas. Essa identificação é obrigatória, e retirá-la constitui uma infração. E mais grave do que isso, essa não identificação muitas vezes é dolosa, parte do próprio comando das polícias. Com isso, no caso de um abuso, e eles são frequentes, a vítima terá uma enorme dificuldade para identificar o autor. Não dá para dizer "quem me bateu foi um PM de um metro e setenta e cinco e de farda cinza". O nome dessa autoridade é essencial.

Um terceiro problema, e que dialoga com o primeiro, é que dificilmente uma prisão em manifestação se dá de forma isolada. Ou seja, ainda nesse efeito manada, várias pessoas são presas, e essas várias pessoas são levadas para a mesma delegacia de polícia. Lá, ao se encontrarem com um delegado que esteja de plantão, haverá uma nova enorme dificuldade em efetivamente individualizar a conduta de cada um. Muito provavelmente as forças policiais dirão que todos aqueles empreenderam atos de violência, lesões corporais ou outros possíveis delitos. E você, caso tenha sido levado(a) com esse grupo, corre o risco de ter sua acusação genericamente feita à semelhança daqueles que também foram presos.

E já adianto: será muito difícil que, naquele momento, no calor dos fatos, dentro de uma delegacia de polícia, consigamos realmente separar o joio do trigo.

Então, aqui vai a minha primeira sugestão: testemunhas e imagens são fundamentais para auxiliar você nesse primeiro momento. **Se for levado(a) para uma delegacia (e muitas vezes sequer você saberá por que foi encaminhado(a) para a polícia), tente fazer com que pessoas que estejam ao seu redor, que tenham visto a abordagem, o(a) acompanhem à delegacia.** Mais ainda, **certifique-se, e hoje em dia com celulares isso está muito mais fácil, de que há imagens suas na manifestação**, imagens que demonstrem que você esteve ali pacificamente, e que durante a sua abordagem, e posterior encaminhamento às autoridades, não houve nenhum fato que justificasse isso.

A segunda recomendação é a mesma que permeia toda esta obra: **tenha sempre ao seu lado, a partir do momento em que você puder se comunicar com algum, um(a) advogado(a)**. Em prisões ocorridas durante manifestações, aqui mais uma vez também em razão do efeito manada, é muito comum que, logo após a condução de manifestantes para uma delegacia de polícia, advogados ligados a comissões da OAB, advogados de coletivos, de movimentos sociais, de sindicatos, e outros voluntários ali compareçam para dar uma primeira assistência. Mesmo assim, sempre saiba que é seu direito constitucional ter o(a) advogado(a) de sua escolha ali presente. E a presença dele(a), ou dos que ali já estejam, é, nessa situação hipotética, extremamente importante. Não apenas para que, de posse de eventuais provas que você tenha, consigam individualizar sua participação nos atos, e eventualmente comprovar que nada de ilícito em relação a você aconteceu, mas também para, digamos, juridicamente negociar com as autoridades responsáveis tanto pela sua prisão quanto pela eventual formalização dela. Sim, uso o termo negociar, neste momento, no sentido de discutir, convencer, debater. É extremamente importante que sua defesa, já nesse primeiro momento, argumente com as autoridades, sustentando pontos importantes para você.

Vamos agora voltar um pouco para o momento em que eventualmente você foi abordado(a) durante uma manifestação. Partes de nossa legislação penal carregam em si algo que, costumeiramente, chamamos de entulho autoritário. A Lei de Segurança Nacional, por exemplo, é um exemplo clássico disso, e o crime de desacato, outro. E esse crime, especificamente nessa situação hipotética, na imensa maioria das vezes está presente. É normal que pessoas abordadas e eventualmente detidas durante manifestações contestem o ato. Algumas vezes de forma apenas incisiva e firme, outras que extrapolam esse limite, e algumas delas até fazendo uso de violência. Seja como for, é frequente assistir à simples contestação legal de uma eventual abordagem e prisão, nesses momentos, pode ser fácil e equivocadamente classificada pela autoridade como desacato.

Portanto, aqui vai mais uma dica: **se você foi detido(a) e está sendo conduzido(a) para uma delegacia, muito pouco do que você falar, contestar, do ponto de vista prático, vai ajudá-lo(a).** Portanto, deixe para fazer essa contestação pessoalmente, ou através de sua defesa técnica, para a autoridade que efetivamente vai se deparar por primeiro com o seu caso, ou seja, um delegado de polícia.

Finalizo aqui dizendo que **o direito de manifestação e expressão é algo constitucionalmente garantido.** O exercício da cidadania integral passa por isso. É direito – em alguns casos praticamente um dever – que nós nos posicionemos publicamente sobre fatos e pautas que entendemos importantes. Seja nas redes sociais, na imprensa e nas ruas. Homens e mulheres perderam a vida durante o regime de exceção que nosso país atravessou para garantir que hoje possamos livremente falar. Jamais se esqueçam disso.

PALAVRAS FINAIS

Todo advogado e advogada criminalista que eu conheço já passou por isso. Em algum momento da sua semana, seja dando uma entrevista, conversando com amigos ou com desconhecidos numa fila de banco, é inevitável que façam as mesmas perguntas. Delas, destacam-se duas: "Por que você escolheu a advocacia criminal?" e "Existe algum caso no qual você não trabalha?".

Vou respondê-las aqui, a partir, é óbvio, do meu relato pessoal.

Escolhi a advocacia criminal muito cedo, acho que antes até de escolher a faculdade de Direito. Deve ter sido por volta dos meus 12 ou 13 anos, quando, assistindo a filmes de júri americanos (sim, aqueles que você já aprendeu que não têm relação nenhuma com o que temos no Brasil), eu me via naqueles tribunais gritando "Protesto, Excelência!" diante de um juiz com um pequeno martelo de madeira na mão. A parte de que eu mais gostava era quando o acusado, culpado ou não, era inocentado.

"Ah, mas Augusto, você gostava de ver um bandido sendo inocentado?" Sim. Nos filmes, eu gostava.

Somada à imagem da dramaturgia, sempre tive em mim um profundo sentimento de revolta diante de qualquer injustiça praticada contra qualquer pessoa. Inclusive, essa é uma régua muito importante para distinguir um(a) verdadeiro(a) criminalista. Se você optar por essa área e não se indignar com a injustiça alheia, mude de carreira. A chance de você não ser um(a) bom(boa) criminalista é enorme.

Eu tinha essa imagem um pouco inocente, quase utópica, da figura de alguém que, num tribunal do júri, salva os inocentes das garras do Estado e evita que injustiças sejam cometidas.

Em certa parte, evidentemente, é esse o trabalho da defesa, mas não só. E me dei conta disso no segundo ano de faculdade, quando comecei a estagiar com um dos maiores, para mim o maior, advogado criminalista que o Brasil já teve: Márcio Thomaz Bastos.

No escritório do Márcio, tudo era grande. Os casos, as decisões, as discussões, a intensidade e profundidade daqueles que lá trabalhavam. Éramos uma equipe pequena: doutor Márcio; seus sócios, Sônia Ráo, Dora Cavalcanti e Luiz Fernando Pacheco; eu e dois estagiários. Se compararmos o tamanho do escritório do doutor Márcio com os escritórios de advocacia criminal de hoje em dia, era minúsculo.

Na época, a advocacia era diferente. Mesmo nesse escritório pequeno, doutor Márcio atendia os maiores clientes e atuava na imensa maioria dos grandes casos de repercussão de nosso país.

Foi a maior escola que eu poderia ter, até porque as decisões e discussões sobre os casos e estratégias processuais eram tomadas ali, entre todos, no meio de cigarros, Coca-Cola Light e, com muita frequência, cervejas ao fim do expediente. Devo muito, ou quase tudo, a esse período da minha vida e aos meus mestres, que carregarei para sempre.

E uma das coisas que aprendi ali é que a defesa não tem rosto e o processo não tem cara nem nome. Apesar de haver sempre um pai, uma mãe, um amigo ou um filho por trás de um caso, nós, advogados criminalistas, defendemos *direitos*.

Política e ideologia são coisas que passavam bem longe da escolha de casos. O escritório do doutor Márcio era tão plural que, em determinado momento, durante uma eleição presidencial, nós advogávamos para Lula, Serra, Ciro Gomes e Antônio Carlos Magalhães: mais plural do que isso, impossível.

Assim, passo a responder à segunda pergunta, sobre casos ou crimes que eu não defenda.

Essa não é uma pergunta fácil de ser respondida, até porque houve momentos da minha vida em que já dei outras respostas. Em 2014, escrevi um artigo polêmico para o jornal *Folha de S.Paulo* em que afirmava que o verdadeiro advogado criminalista não poderia deixar seu cliente se submeter ao que chamei de tortura psicológica para se garantir um acordo de delação premiada. Criticava à época, e hoje sabidamente conhecido, o fato de que as prisões preventivas no âmbito da Operação Lava Jato foram decretadas ou mantidas única e exclusivamente para forçar os investigados a colaborarem com a justiça. Naquele artigo, e no calor do momento, afirmei que eu, como profissional, não trabalharia em casos que envolvessem acordos de delação premiada.

Hoje, no entanto, com um controle judicial mais bem-feito e transparente, e com o avanço dessa nova forma de se investigar, posso afirmar que, apesar de não ser nenhum especialista nem ter preferência nessa modalidade de defesa, tenho em meu escritório clientes que optaram por fazer acordos de delação. E nem por isso deixei de representá-los.

Falando especificamente de crimes e acusações, sempre tive para mim que o limite para aceitar ou não um caso estaria intimamente ligado à noção de que, se eventualmente eu me incomodasse a ponto de comprometer a qualidade do meu trabalho, pela razão que fosse, não deveria aceitá-lo.

Por exemplo, crimes que envolvem crianças geralmente me causam muito incômodo. Se esse incômodo é suficiente para colocar em risco a eficiência do meu trabalho, eu simplesmente recuso. E isso não quer dizer que eu não trabalhe com esse tipo de acusação. Sim, há casos em meu escritório em que as vítimas são crianças. Portanto, o limite justamente está no meu desconforto, o que é extremamente pessoal. Deve ser pesado com detalhes e circunstâncias do caso, e não ser uma recusa definitiva e absoluta. Até porque – e retomo as palavras iniciais deste livro vindas do clássico *O dever do advogado,* de Ruy Barbosa – o papel da defesa é ser a voz dos direitos legais de um acusado, seja ele inocente ou não.

Respondendo, ainda, a uma terceira pergunta feita em casos de grande comoção: "Mas, Augusto, como é que você defende *esta* pessoa *neste* caso?". A resposta sempre esteve na ponta da minha língua: o(a) advogado(a) criminalista não defende pessoas, muito menos defende crimes. O(A) advogado(a) criminalista defende direitos garantidos aos inocentes, aos culpados, aos ladrões de galinha, aos ladrões de banco ou ao dono do mesmo banco. Direitos e garantias fundamentais são, acima de tudo, universais. Valem para mim, para você, para quem a gente gosta e para quem a gente não gosta.

É essa, ao fim e ao cabo, a maior beleza de uma defesa criminal.

AGRADECIMENTOS

Aos tantos amigos, advogados e advogadas, jornalistas, publicitários, pouco importa a profissão – obrigado a todas e todos que me ajudaram de alguma forma na construção deste livro. Seja dando dicas, seja corrigindo, seja dando palpites. Obrigado.

Obrigado, Dora Cavalcanti, Luiz Fernando Pacheco e Sônia Ráo, meus primeiros patrões que tanto me ensinaram sobre direito criminal e sobre a vida.

Obrigado também a toda a equipe do meu escritório, que ajudou tanto na pesquisa quanto na transcrição dos incontáveis áudios que compõem este livro. Sim, tudo o que vocês leram aqui saiu antes pela minha voz. Eu falo, geralmente andando, e gravo. Meus estagiários transcrevem, e eu leio, corrigindo e alterando. Escrevi o livro assim, fazendo centenas de discursos para uma audiência inexistente. Agradeço em especial ao André Antiquera Pereira Lima por esse auxílio essencial.

Agradeço, por fim, em memória, ao Márcio Thomaz Bastos, advogado e ser humano que tanto me ensinou. Obrigado, chefe.

INFORMAÇÕES IMPORTANTES PARA COLOCAR NA PORTA DA GELADEIRA

Lista de números e órgãos importantes

Para denúncias e emergências gerais
Polícia Militar: 190

Para violência contra a mulher
Casa da Mulher Brasileira:
www.prefeitura.sp.gov.br/cidade/secretarias/direitos_humanos/mulheres/equipamentos/index.php?p=288423
Central de Atendimento à Mulher: 180
GEVID – Grupo de Atuação Especial de Enfrentamento à Violência Doméstica – Ministério Público de São Paulo:
www.mpsp.mp.br/portal/page/portal/GEVID
Mapa do Acolhimento:
www.mapadoacolhimento.org
Núcleo Especializado de Promoção e Defesa dos Direitos das Mulheres da Defensoria Pública de São Paulo:
www.defensoria.sp.def.br/dpesp/Default.aspx?idPagina=3355
NUDEM – Núcleo Especial de Direito da Mulher e de Vítimas de Violência – Defensoria Pública do Rio de Janeiro:
www.defensoria.rj.def.br/Cidadao/NUDEM
ONU Mulheres:
www.onumulheres.org.br/
Projeto Justiceiras:
www.justiceiras.org.br/
Think Olga:
https://thinkolga.com/

Para defesa gratuita
ANADEP – Associação Nacional de Defensores e Defensorias Públicas:
(61) 3963-1747
https://www.anadep.org.br/wtk/pagina/defensorias_nacionais
OAB – Ordem dos Advogados do Brasil Nacional:
(61) 2193-9600
www.oab.org.br

Cartilha de direitos

1. No caso de você ser acionado(a) pelas autoridades, a primeiríssima coisa a fazer é ligar para um advogado ou advogada de sua escolha.
2. Caso seja abordado(a) por autoridades, você possui o direito de permanecer calado(a), e esse silêncio jamais poderá ser usado contra você.
3. Se você testemunhar ou sofrer ações supostamente ilegais de autoridades, não discuta. Se tiver de se expressar, seja polido(a) e educado(a). Se possível, permaneça em silêncio até que seu(sua) advogado(a) compareça.
4. Você não é obrigado(a) a produzir provas contra si mesmo(a). Portanto, não precisa realizar teste de bafômetro, exame de sangue, entrevista com médico ou produzir quaisquer outras evidências contra você mesmo. Isso também significa dar senhas de celular e *e-mail*, por exemplo.
5. Se você for encaminhado(a) a uma delegacia ou à presença de uma autoridade policial como suspeito(a) de um crime, você tem direito a um(a) advogado(a).
6. Caso receba um documento de intimação, não ligue para as autoridades nem vá a uma delegacia de polícia. Contate seu(sua) advogado(a).
7. Se alguém bater à sua porta para uma busca e apreensão, certifique-se de que se trata de uma autoridade policial. Depois, deixe-a entrar e contate seu(sua) advogado(a).
8. Você tem o direito de filmar qualquer abordagem policial, assim como terceiros que o(a) estiverem acompanhando. Exerça o seu direito.

9. Você não é obrigado(a) a denunciar nenhum crime. Caso possa e queira, ligue para 190. No caso de violência contra a mulher, você também pode ligar para 180.
10. Caso você não tenha acesso a uma defesa criminal, contate a Defensoria Pública. Você pode encontrar uma lista das defensorias estaduais no site da ANADEP. Outra opção é entrar em contato com a OAB da sua cidade (basta digitar assistência jurídica OAB + nome da cidade no Google para achar endereços e documentos necessários).
11. Se você for vítima de violência doméstica, denuncie. Você pode ligar para 190 ou 180. E, num segundo momento, ir a uma delegacia de polícia. Você também pode informar se sua vida está correndo perigo para que medidas emergenciais que garantam sua segurança sejam tomadas.